1.

よくわかる！ファイナンス入門

Finance : An Introductory Textbook

石橋春男
Haruo Ishibashi

髙木信久
Nobuhisa Takagi

橋口宏行
Hiroyuki Hashiguchi

慶應義塾大学出版会

はじめに

　本書は、資本主義のエンジンであるファイナンスを学ぶための入門書である。「ファイナンスとはなんだ」「それが何の役に立つのだ」と自問した方もいるだろう。まさにそうした質問に真正面から、しかもできうるかぎりわかりやすく答える、それが本書の目的である。

　ファイナンスを学ぶ意義は何か。
　最近起きた経済危機のほとんどが金融危機である。金融危機が起きるたびに日本も巻き込まれる。働く人の給料が上がらず、非正規雇用が増加し、学生の就職も大変になる。これほどまでに人々の暮らしに、ファイナンスが大きくかかわっている時代となった。
　なぜか。ほとんどの人は、収入の全額を消費にあてず、一部を貯蓄するだろう。生活が豊かになるにつれ着々と蓄えられてきたお金が巨大化する。そして、ドルと円を取引するお金とお金の取引や、株式などの金融商品とお金の取引が膨れ上がる。
　ひとたびお金が投資されると、実体経済とは関係なく、お金の自己増殖が始まる。より金利の高い通貨へ、より収益の高い資産へと流れ、やがてバブルを発生させる。行きすぎた動きに対する反動として金融危機が起こる。「尻尾（カネ）が実体（ヒト・モノ）を振り回す」事態が発生する。

ファイナンスで何を学ぶか。

金融は時差のある取引である。今、貸して（借りて）、将来に返済される（返済する）取引が金融なので、必ずリスクが存在する。将来、本当に返済できるのか、誰にもわからないのである。

しかし、あえてリスクをとって挑戦するからこそ、経済は発展してきた。リスクをとらないと、経済発展はない。だからこそ、リスク管理を学ぶのである。

ファイナンスが人々の生活に密着し、当たり前のものになっているとすれば、お金の働きこそ大切な学習である。しかし、当たり前の存在であるお金ほど、不思議なものはない。現代の貨幣の主流である紙幣は、紙切れにすぎないし、カードはコンピュータに登録されたデータにすぎない。にもかかわらず、物が買える。そして、ひとたび通貨危機が起きると、とたんに貨幣は変身する。なぜそうなるのか、お金の不思議の探検をこれから始める。

金融市場とそこでのプレーヤーである金融機関の働きも興味の尽きないものである。われわれの豊かさの大部分は、企業によって提供された。どんな事業を行うにも、元手となる資金がなければ何も始まらない。世の中に豊かさを提供する企業に、資金を融通しなければ、景気は悪くなり、人々は文字どおり食べていけなくなる。

しかし、現代の金融市場は、企業への資金提供のためだけではない。投資資金が、高い収益を求めて国境を越え、あらゆる資産に流れていく。その取引は金融市場において行われ、バブルとバブル崩壊を引き起こして世界の経済を揺り動かすのである。

そして最後に、ファイナンスの最後のよりどころに踏み込むことにしよう。それが金融政策である。貨幣価値を安定に保つことはできないのか、バブルの発生を食い止めることはできないのか。動揺する経済をコントロールする1つの手段が金融政策である。

本書の出版に漕ぎつけることができたのは慶應義塾大学出版会の全面的な協力があったからこそである。本書は一般的な金融関係の書物とは異質な内容のものとなっているが、執筆者の意図を十分に汲み取っていただき出版の機会を与えていただいたことにまずお礼を申し上げる。さらに、編集者として企画から編集まですべての面に関してアドバイスを与えてくださり、原稿の校正から修正まで緻密かつ迅速に対応していただいた慶應義塾大学出版会の木内鉄也氏に心から感謝申し上げる。

平成 26 年 3 月

石橋　春男
髙木　信久
橋口　宏行

目　次

はじめに　*iii*

序　章　ファイナンスとは　*1*
　　1　狭義の金融　*1*
　　2　広義の金融　*3*
　　3　ファイナンスの注意点　*4*
　　4　リスクへの挑戦　*6*

第1部　貨　幣

第1章　お金とは何か　*11*
　　1　貨　幣　*11*
　　2　通貨の種類　*14*
　　3　決済機能がある理由　*17*
　　4　貨幣の問題　*20*

第2章　貨幣の機能　*23*
　　1　価値の尺度　*23*
　　2　交換・決済の手段　*27*
　　3　貯蔵の手段　*28*

第3章　貨幣の歴史　*31*
　　1　貨幣の誕生　*31*
　　2　貨幣の発展　*33*
　　3　紙幣の登場　*37*

第2部　金融システム

第4章　銀行の信用創造と通貨制度　*43*
　　1　銀行の信用創造　*43*
　　2　中央銀行の設立　*46*
　　3　通貨制度　*48*

第5章　金融取引と金融機関　*51*
　　1　金融取引　*51*
　　2　直接金融と間接金融　*55*
　　3　金融機関の種類　*56*
　　4　間接金融機関　*60*

第6章　金融商品　*65*

1　株券（株式）　*65*

2　債　券　*66*

3　債券と金利　*70*

4　転換社債　*73*

5　投資信託　*74*

第7章　短期金融市場　*77*

1　コール市場　*77*

2　手形市場　*78*

3　オープン市場　*80*

第8章　資本市場と証券会社の業務　*83*

1　資本市場（長期金融市場）　*83*

2　発行市場での業務　*86*

3　流通市場での業務　*89*

第9章　デリバティブ取引とその影響　*91*

1　リスクヘッジ　*91*

2　先物取引　*93*

3　デリバティブ取引の特徴　*96*

4　レバレッジ効果　*98*

5　デリバティブ取引の影響　*99*

第3部　金融政策

第10章　マネーストックと金融政策　103
1　マネーストックと物価　103
2　マネーストックの種類　105
3　マネーストックのコントロール　107
4　金融政策の実態　110

第11章　中央銀行と金融政策　115
1　日本銀行　115
2　金融政策の手段　118
3　日本銀行の金融調節　123
4　非伝統的金融政策　126

第12章　日本の金融と政策の歴史　131
1　金融システム　131
2　債券市場　135
3　株式市場　137

第13章　日本の金融自由化　143
1　株式市場　143
2　債券市場　145
3　バブルとバブル崩壊以降　147

参考文献　151
索　引　153

序　章

ファイナンスとは

　ファイナンス（finance: 金融）とは、資金を融通するという意味である。融という文字には、滑らかに通すという意味がある。そこから日本語では金融と訳される。つまりファイナンスとは、世の中のお金を滑らかに流通させるということである。本書は金融、すなわちお金を滑らかに流通させる基本的な仕組みや役割・機能を学習する。

　序章では、まずファイナンスの全体的イメージをつかむため、ファイナンスが世の中に、どのように役立っているか、私たちの生活や社会の経済活動とのかかわりをおおまかにみていこう。

1　狭義の金融

　金融とは資金を融通する、つまりお金を貸すという意味だが、それを略して融資という。そして狭義の金融とは、お金の貸し借りを行うことを指す。ではそもそも、なぜお金の貸し借りが必要なのだろうか。

1.1　起　業

　今ここに、大学卒業間近の若者（あなたかもしれない）がいるとしよう。若者は趣味のファッションが高じて、センスのよい服を買い集めてはインターネットで販売し、バイト代わりに小遣いを稼いでいる。

友人たちは就職活動をしているが、この若者は自分が行ってきたネット販売を事業化し会社を作ろうと考えている。つまり、起業を目指すのだ。

ただし、会社を起こすには資金が必要である。小遣い程度ならともかく生活費を稼ぐのだから、商品をたくさん仕入れて数多く売らなければならない。ネット販売と並行して店舗を構えれば家賃が必要だし、ファッションのお店らしく内装に凝れば費用もかさむだろう。

あなたは、それだけのお金をもっていますか。世の中をみても、会社を作るだけの資金をもっている若者は少ない。資金をもっているのは、自分の仕事に忙しい現役の事業家や、引退した成功者、あるいは財産を上手に増やしたい資産家や投資家などたくさんいるだろうが、彼らがあなたに気づく可能性は低いし、あなたが彼らに接触するのも簡単ではない。

そこで、大きな役割を果たすのが「ファイナンス」である。資金はもっているが、新しいビジネスチャンスをもっていない人たち（資金の貸し手）から、資金はないが、時代を読み取り、流れに乗り、ヤル気とアイデアとエネルギーに満ち溢れたあなた（資金の借り手）へと資金の橋渡しをする、すなわち「資金を融通する」ことが大事になる。この機能が（狭義の）金融である。

1.2 新商品（新プロジェクト）

金融が必要なのは、起業の場合だけではない。たとえば、ある会社で有望な新商品（新プロジェクト）が企画されたとしよう。新商品を生産するためには新しい機械を購入しなければならないが、現時点では手元に資金がない。新商品を売り出せば多額の売上が期待できるが、売上で資金が手に入るのは将来の話である。

このように時間のズレによって資金の不足が生じる場合（いわば、現在と将来の橋渡し）も、金融の出番となる。

1.3 金融と景気

もし、金融がなければ社会はどうなるであろうか。有望な人材がいても、有望な新商品（新プロジェクト）のアイデアがあっても、必要な資金を集められないがために、起業も新商品開発もできないだろう。

これは彼らだけの問題ではない。起業家が事業に成功し、会社の新商品がヒットすれば、事業を拡大するために新しく社員を雇うだろう。新卒大学生の就職率も上がり、今までフリーターだった若者が正社員になれる可能性も高くなる。

こうして雇用（働き先）が増えれば、給料（所得）が増加して人々が使うお金（消費）も増加し、それがまた誰かの所得になり、新たな消費を生み出す。このようにお金が滑らかに循環することによって景気が良くなる。

起業家や会社が新しい事業に挑戦し、新たな商品やサービスを生み出すこと（これを「イノベーション」という）は、景気が良くなるための重要な要因である。つまり、ファイナンスはイノベーションを支える大切な役割を担っているのだ。

2 広義の金融

2.1 金融システム

ここまで金融の働きを個人や会社単位でみてきたが、次に国単位でみてみよう。国には政府・公共団体・金融法人（金融を行っている会社）・事業法人（金融以外の事業を行っている会社）・非営利法人[1]・自営業者などのさまざまな組織から家計[2]まである。これらの経済活動を行う基本的単位を、経済学では経済主体という。

---

1) 法人は営利法人と非営利法人に分かれる。営利法人とは、利益追求を目的として活動する組織で、一般の会社がこれに該当する。非営利法人とは、営利活動を行わない法人で、生活協同組合など各種の組合や、NPO法（特定非営利活動促進法）により設立される特定非営利活動法人、公益法人などがある。

国内外の各経済主体の間で、資金を貸し出したり、調達したり、使用したりすることによって生まれる資金の流れ全体を「広義の金融」あるいは「金融システム」とよぶ。

2.2 経済の血液

経済を人間の身体にたとえると[3]、金融はしばしば「経済の血液」とよばれる。これは広義の金融では、次のことを意味している。

- 家計から政府まで含まれていること
- 1つの国だけでなく世界全体をカバーしていること
- 経済社会（身体）全体を循環して経済（生命）活動に不可欠な資金（栄養）を運ぶ働きをしていること
- そのなかで各種の財やサービスの支払いとして、さらには狭義の金融活動として、資金のやり取りが行われていること

3 ファイナンスの注意点

さて、ファイナンスについて研究する学問は金融論とよばれ、これは経済学の一部門である。金融論は、お金とは何か、お金と時間とのかかわり、金融にともなうリスク、さらにそれらの相互関係を解明しようとする学問である。

お金とは何かについては、第 1 部で学習する。その前に本章では、ファイ

---

[2] 多くの場合、人間は家族（世帯）を単位として経済活動をする。たとえば夫が会社で働いて収入を得、妻が育児や家事をしつつパートで収入を得ているとき、それらは個人別に管理されず、家族で合算され支出にあてられる。経済学では、こうした経済主体を「家計」とよび、需要（消費）側の最小単位と考える。

[3] さらには、「物価」を血圧にたとえて「インフレは高血圧、デフレは低血圧である」と表現したり、GDP の成長を身体の成長に、また貨幣量を血液の量にたとえたりすることもある（⇒第 10 章 1）。

ナンスを勉強する際には常に意識するよう近年とくに主張されている、時間とのかかわりとリスクについて学んでいく。

3.1 時間的要素

　資金の融通について、時間的な差異（過去・現在・将来）があるものを金融、ないものを為替(かわせ)という。狭義の金融での例をもう一度みてみよう。

　企業が新商品の生産に必要な機械を買う資金を、銀行からの融資で対処した場合、新商品が売れれば資金を回収できる。つまり、現在は資金不足だが、新商品の売上によって将来は資金余剰になる。すなわち金融は、現在と将来の資金過不足を埋めるものである。

　これに対して、為替は為替手形[4]や小切手、銀行振込など、現金以外の方法によって取引の決済をする方法の総称であり、遠隔地への送金手段として、現金を直接送付する場合に発生する盗難・紛失を避けるために用いられる。すなわち、為替は距離的な差異を埋め合わせる資金の過不足の解消方法である。とくに現在では、輸出入の代金の決済[5]に用いられ、その重要性は高まっている。

3.2 金融とリスク

　金融には時間的差異があるため、リスクが必ず生じる。金融におけるリスクとは、将来に得られる資金の額が必ずしも確実でないことをいう。資金の貸し手の立場で考えると、利息や元本の返済を受け取るのは将来であるため、必ず受け取れるとはかぎらないのである。

　借りた資金を予定期日までに返済できなくなることを「デフォルト（債務

---

[4] 手形の振出人（発行者）が、第三者（支払人）に委託し、受取人（またはその指図人）に対して一定の金額を支払ってもらう形式の有価証券のことである。たとえば、地元の銀行にある預金をもとに為替手形を振り出して支払先に郵送して、受け取った人が現地の銀行に差し出せば資金を受け取れる（その分だけ自分の預金が減る）システムである。
[5] これをとくに「外国為替」とよび、国内の決済をさす「内国為替」と区別している。

不履行)」とよぶ。すなわち、元本返済や利払いが全額（もしくは一部のみ）行われなかったり、予定期日より遅れたりすることをいう[6]。

　金融とは狭義には資金を提供することであるが、元本の返済や利息などの収益を得るのは将来であるから、確実に受け取れるとはかぎらない。とくに提供先の業績によって、配当などの収益が変化する投資であるならば、なおさらである。

　日本では、リスクを「危険」と理解している人が多い。経済で使うリスク（risk）は危険だけではない。リスクとは確実ではないことなので、予想以上に利益が大きくなることもリスク（アッパーサイド・リスクという）に含まれるのである。よって、金融においてリスクとは「成功するか失敗するか、わからない」という意味で使われるべきである。

4　リスクへの挑戦

　リスクの語源はラテン語（初期イタリア語）の risicare で、「勇気をもって試みる」ことを意味する。

　たとえば、新商品がヒットすれば、融資した銀行は無事に資金を回収できる。ヒットにより会社が成長すれば、事業を拡大するなどの新しい資金需要が増加する。そうなれば銀行は、新しい有望な資金の融資先を得たこととなり、自らのビジネスチャンス（利益を得る可能性）を広げられる。

　逆に、リスクがあるからと銀行が融資を自粛（貸し渋り）したらどうなるだろうか。有望な新商品・新事業があるのに、資金不足のために新商品の開発などを行うことができなくなる。すると雇用は減り、労働者の給料は増えず、学生も就職難になる。日本全体で所得が減少して消費が減り、企業はモ

---

[6]　金融機関が融資したり投資家が投資を行ったりする際、損失の可能性が高いほど高い金利を設定（つまり、高い収益を期待）することを「ハイリスク・ハイリターン」とよぶ。反対に、損失の可能性が低い融資・投資案件には低い金利を設定することを「ローリスク・ローリターン」という。

ノ・サービスが売れず不況へと落ち込んでしまうだろう。

　経済を成長させ景気を良くするためには、人々がリスクへ挑戦する必要がある。利益をあげられるような挑戦への機会（ビジネスチャンスという）も、成功したら利益をあげられるが失敗したら損失をこうむる（ビジネスリスクという）。リスクを恐れて挑戦しなければ、経済の発展はないのである。

　資金の提供側も同じである。会社などの事業者が、リスクへの挑戦を容易に行えるよう支援し、経済社会を活性化させるのが金融の役割である。

第1部 貨　幣

第 1 章

お金とは何か

　お金とは何か。ファイナンスの学習の最初の一歩は、お金とは何か、すなわちお金の概念を知ることである。お金など誰でも知っていることであり、わざわざ勉強する必要などないと思う人も多いだろう。それほどまでに、お金は身近でありふれたものである。

　しかし、金融論はお金の研究に始まり、お金の研究に終わるといってもよい。それほど、お金とは経済や金融の基本であり、しかし絶対のものでもなければ不変のものでもなく、時代によっても変わる[1]。

　この章ではお金（貨幣）についての「存在理由」「歴史」「仕組み」「種類」「形態」などを概観する。当たり前のありふれた存在である貨幣についてあえて疑問を提起し、次章以降でその疑問への回答を探求していこう。

1　貨　幣

　生きていくためには、どうしてもお金が必要だ。お金がないと、まず食べるものが手に入らない。衣食住にかかわるものを手に入れることもできない。お金がなければ、命を保つことさえ難しいのである。

---

1)　時代によって貨幣の概念や仕組みが変わることは、第3章で学ぶ。

1.1 分業とお金

分業　もし、自分ひとり（もしくは家族や一族）だけで、生活に必要なモノを生産できれば、お金は必要ないであろう。この経済の形態を自給自足経済という。

だが、自給自足の生活は効率的でない。各人が仕事を分担しあって生産活動を行う分業のほうが、大量のモノを早く生産できるのである。分業は自給自足よりも、効率的で便利である。

ただし、分業だけでは自分が生活に必要なモノやサービスの全部を手にすることができない。自分が生産したモノと、自分では生産していないが他人が生産していて自分の生活に必要なモノとを交換しなければならない。

財の生産・消費が自給自足ではなく、他者との分業と交換によって成立している経済の形態を商品経済とよぶ。

市場の誕生　たとえば、A氏が米をもっていて豚肉を欲しい場合、物々交換をしたいならば、豚肉をもっていて米を欲しがっている人を探さなければならない。欲望の二重の一致がなければ、物々交換は成立しないのである。

とはいえ、他人の家を一軒一軒訪問して、相手の事情を聞いていては効率が悪い。そこで、A氏は、人の往来の多い交通の要所に出向く。そこでなら、豚肉をもっていて米を欲しがっている、欲望が二重に一致する人と出会えるかもしれない。そこに同じような人が集まり、モノとモノとを交換する市場が開かれていったのである。

フリーマーケット（自由市場）をイメージしてみよう。市場に出向いて自分がもっているモノを展示して、豚肉が欲しいと看板を立てるのである。そして豚肉をもっていて米が欲しい人を待つのである。

しかし、米が欲しい人が寄ってきても、そのなかに豚肉をもっている人は少ないかもしれない。たとえ豚肉をもっているB氏が現れても、彼が欲しているのが魚ならば、交換は成立しないのである。

お金との交換　そのうち、人はモノとモノとの交換には、媒介物があると便利であることに気づく。米を欲しがっている人に米を渡し、媒介物と交換するのである。そして、媒介物をもって豚肉を展示している人を探せば、媒介物と豚肉を交換することができる。

そこでモノとモノの交換の媒介物として、お金が使われるようになった。なお、物々交換の経済に対して、お金（貨幣）が商品の交換を媒介している経済の形態を貨幣経済という。

1.2　貨幣とは

経済学ではお金を貨幣という。金（gold）と間違えないためにも、以降は貨幣と書くことにする[2]。では、貨幣とは何か。

貨幣の定義　現代の経済学では、「貨幣の機能[3]をもつモノはすべて貨幣である」と定義されることが有力な説となっている。これによれば貨幣の機能があるものは何でも貨幣だという、実にあいまいな定義になる。ほかにもいろいろ説があるが、本書では、主にこの有力説に従って説明していく。

有力説でさえ実にあいまいで、かつ、ほかにもいろいろな説があるとすれば、貨幣とは実は不確かなモノだと思えてくるのではないだろうか。貨幣が不確かなものであるがため、金融論では最初に貨幣の概念を勉強するのである。

貨幣と通貨　貨幣は、英語のMoneyを表す日本語である。英語ではCurrencyという単語があり、日本語では通貨と訳されるが、これは「流**通貨**

---

2)　貨幣は一般に「（お）金」といわれる。実際に、金は長く貨幣として使われてきた。第3章で貨幣の歴史を詳しく学ぶが、日本でも江戸時代から金を中心にした通貨制度が普及し、貨幣を意味する日常の話し言葉が「お金」になったという。

3)　貨幣の機能には、モノやサービスとの交換の媒介物（交換・決済の手段）であることのほかに、価値の尺度と価値貯蔵手段という3つがある。詳しくは第2章で学習する。

幣」の略である。しばしば貨幣と同義に使われるが、「政府によって保証され、流通している貨幣」という意味がある。そのため、日本で使われる通貨であれば日本円、アメリカではUSドル、中国では人民元などのように、原則として政府（国）によって使われる通貨が異なる。

2　通貨の種類

　貨幣の定義から考えると、貨幣の機能があれば、何でも貨幣になりうることになる。まずは貨幣、とくに私たちの生活で流通している身近な通貨の種類について整理しておこう。

2.1　現金通貨と預金通貨

　まず、貨幣として真っ先に頭に浮かぶモノは、現金であろう。かつては金（ゴールド）や銀、またはそれらを鋳造した金貨や銀貨が正式な貨幣であった。現代では紙幣とコイン（硬貨）が現金とされている（貨幣の変遷については第3章）。これらは貨幣の機能が問題なく備わっているといえよう。経済学では、現金通貨といわれる。

　通貨には預金通貨が含まれる。昔から小切手や手形による決済が広く使われていたように、銀行預金にも決済機能があるため、預金も預金通貨として、通貨と認識するのである。現代では、銀行振込によって誰でも自分の預金でモノを購入したときの支払い決済ができることからも、預金も通貨だと納得できよう。

2.2　各種のカード

　預金通貨を決済で使う手段として、クレジットカードが思い浮かぶ。また、鉄道を利用するときに使うSUICAなどのプリペイドカードや商品券でもモノやサービスを購入できる。

　プリペイドカードは、先に現金などを補充してポイントなどを貯めて、後

で支払い決済に使う。逆にクレジットカードは先にモノなどを買って支払いを済ませ、後日、預金口座から引き落とされる。すなわち、先であれ後であれ、現金通貨や預金通貨により最終決済が行われている。

いずれにしても、モノやサービスを購入したときに支払い決済ができることは確かである。また最近は、ネット上での売買に使う電子マネーの利用も広がってきている。今後も新しい決済手段が生まれてくるだろう。

しかし、これらは通貨とはいえない。なぜならば、汎用性がないからである。すなわち、使える店と使えない店が存在する。通貨とは汎用性があって、すべての店などで使えることが前提とされる。

ただし、これらが普及すればするほど経済における役割が増すので、私たちの生活にとっても、また金融の働きを理解するうえでも、無視できない存在である。

2.3 金融商品と通貨

通貨の統計をみると、そこでは現金通貨や預金通貨のほかに、国債などの債券や、新しくできた金融商品である貸付信託や投資信託も、広義の通貨としてカウントされている（⇒第10章2）。

金融商品については、前述のカードや電子マネーと同じように、時代とともに続々と新しいタイプが生まれている。それが通貨であるか否かを論議することは重要ではある。しかし、カードなどと同じように、金融を考えるときには通貨であろうとなかろうと、無視できない存在である。

2.4 債務と通貨

現在の定説では「通貨とは、中央銀行[4]の負債である」となっている。多くの国では、行政府とは別に中央銀行を設け、中央銀行が発行する紙幣（銀行券）をもって通貨としている。

---

[4] 詳しくは第11章で学ぶが、ここでは日本における日本銀行のような、通貨を発行する銀行と簡単に認識しておこう。

図表1-1 貨幣と金融商品

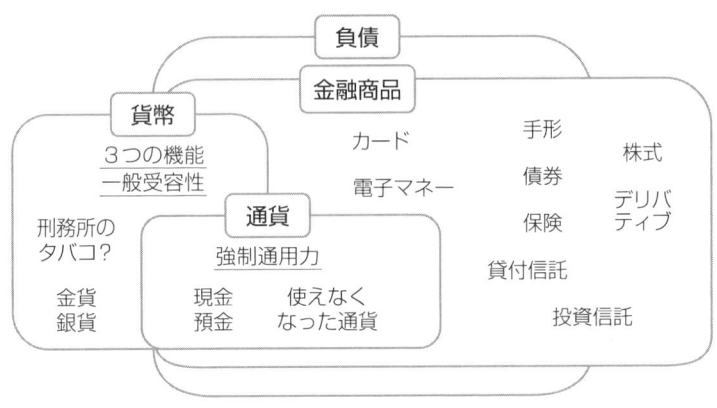

　なお負債とは、借金などいずれ将来において特定の相手に返済（すなわち通貨で支払いを）しなければならない債務などの義務をいう。

　前出のプリペイドカードを考えてみよう。SUICAなどは鉄道会社の負債である。客から事前に通貨を受け取っておき、SUICAを使用されたときに、その乗客を運ぶ義務を負い、その運賃に見合った負債が解消される。さらに鉄道会社と提携したコンビニなどの店舗では、客は買い物の対価として使い、後に鉄道会社からコンビニ会社への銀行振込によって決済される。

　鉄道会社以外の会社で、このシステムが使われるものに電子マネーがある。プリペイド、すなわち事前に貨幣を補充するパターンから、将来に銀行引き落としが行われるパターンまで、さまざまな形態がある。しかし、おおもとは誰かの負債を決済手段として用いるものである。

　金融商品についても考えてみよう。国債とは国の負債であり、社債とはその発行会社の負債である。預金は、将来、現金を受け取ったり支払いの決済に使ったりすることから、銀行の負債であることがわかる。保険について考えても、何かがあったときに保険会社が現金などを支払ってくれるという意味から、保険会社の負債と考えられなくもない（⇒第5章3.7）。

すなわち、金融商品とは誰かの負債であるといえる。そして誰かの負債を買い物などの支払手段として使っているのだ[5]。

2.5 通貨・金融商品と信用力

金融商品とは誰かの負債であり、通貨は中央銀行の負債である。信用[6]力のある組織の負債は、金融商品として使われる。通貨も、金融商品の一種である。

このことは見方を変えると、国内最高の信用力がある中央銀行の負債を、貨幣として使っていることになる。中央銀行は、自分が保有する資産を担保に銀行券を発行する（⇒第4章2.1）。この銀行券がその国の通貨である。中央銀行の資産とは、金など貴金属や、商業手形、外国の通貨、そしてその国の国債などである（⇒第11章2.1）。

3 決済機能がある理由

現代における貨幣を代表するものとして紙幣があるが、これは紙切れにすぎない。にもかかわらず、モノと交換できるなど、価値のあるものと考えられている。モノだけではなく、事故などで人命が失われたときも、損害賠償として貨幣で支払われる。また、紙切れや金属にすぎないお金をめぐって殺人事件まで発生するのは、推理小説やドラマのなかだけではない。

さらに、現代においては大金をやり取りするときは、銀行振込で行われることが多い。銀行振込とは、現代においてはコンピュータのなかの電子データにすぎない。

---

[5] 誰かの負債を使って自身の負債（買い物など）の支払いを行うこと、すなわち負債の振替えで決済する制度は、手形の流通として昔から存在する（⇒第7章2.1）。

[6] 金融における信用とは、一般的な意味での信用のほか、しばしばより狭く、資金を貸したら返す力がどれほどあるか、すなわち返済能力という意味に限定される。また信用は、借入金、借入余力、返済余力（貸す側からすると貸付金）などと同義で使われることもある。

それにもかかわらず、貨幣でモノを買えるのはなぜだろうか。考えれば考えるほど貨幣は実に不思議なモノである。ここでは、いくつかの貨幣に関する疑問をあげてみよう。

3.1 なぜ、貨幣はモノと交換できるのか

19世紀中頃までの経済学では、貨幣には交換価値があると考えられた。

食料などの一般のモノやサービスには、生活に有用な価値、すなわち使用価値があるとされた。しかし、貨幣には使用価値があるだろうか。金貨や銀貨を貨幣として使っていた時代なら、金や銀自体には、たとえば工業製品の原料になるなどの使用価値があった。

しかし、19世紀以降、貨幣の主流となった紙幣は紙切れであり、使用価値はない。それにもかかわらず、紙幣を中央銀行に持ち込むと、金などと交換することができるという制度が構築された（この制度を金本位制という。（⇒第4章3.1））。

ところが、20世紀に入り、中央銀行による紙幣と金などの交換は順次少なくなり、1971年のニクソンショックにおいて金との交換が停止されて以来、交換価値が失われた。これ以降、通貨の発行量を通貨当局（政府や中央銀行）が調節することで、物価の安定、経済の成長、雇用の改善、国際収支の安定などを図る管理通貨制度の時代となった（⇒第4章3.2)。

3.2 政府の保証や法律で決まっているからか

通貨に価値があるのは、政府によって保証されているためであるという説がある。たとえば日本では、商取引の決済に通貨「円」すなわち日本銀行券と補助貨幣（硬貨）を用いるよう、法律で定められている（強制通用力）。強制通用力が付与された貨幣を、通貨あるいは法貨（法定通貨）という。

また、政府への納税も、原則として通貨「円」を使うこととされている。さらに、公共投資や公務員への給与支給など政府支出は、通貨「円」をもって行う。金融政策をはじめ、中央銀行とその他の銀行（市中銀行[7]という）

のやり取りも通貨「円」をもって行われる。

　ただし、法律で定め、政府が使用しているから通貨に価値が備わるのかというと、必ずしもそうではない。通貨のなかには、国境を越えても、つまり法律で定められた適用範囲を超えて通用するものもあるのだ。

　たとえば一部の発展途上国では、日常の売買でも現地通貨より米ドルのほうが信用ある貨幣として使われている。原油の国際取引でも、米ドルが決済手段として使用されている。

　この反対の例が株券である。株券は株主の地位や権利を表章した証券として、法律によってその価値が保証されている。そのため、国内では価値があっても、ひとたび国外へ持ち出されると、その国の法律の効果が及ばなくなり、単なる紙切れになってしまう[8]。

　なぜ、このようなことが起こるのだろうか。これには、「信用」が深くかかわっている。現代では、ある国における通貨は、その国の中央銀行の負債である。したがって、その負債を信用してよいかどうか、つまり通貨の信用力は、それを発行した負債者たる中央銀行の信用力に依存する。言い換えると、その負債者（中央銀行）に信用さえあれば、たとえそれが外国の中央銀行であっても、その発行した通貨は貨幣としての価値を備えるのである。

　なお、現代の管理通貨制度においては、中央銀行の負債の裏づけとなる資産の主なものは、その国の国債であることが多い（⇒第11章2）。したがって、中央銀行の信用力とは、その国の国債の信用力に大きく左右される。そのため、その国の通貨の信用力も、その国の経済力や政治的安定度、財政収支が黒字か赤字か、赤字ならどれほどの規模なのかに依存する。

7）　一般にいう銀行のことであり、商業銀行ともいう。一般の預金者から金銭を預かり、事業者などに貸し出す銀行をさす（⇒第4章2.2）。

8）　そのため、外国の株式を売買する際にはDR制度が用いられている。DR（Depositary Receipt：預託証書）とは、外国の企業の株券を自国内でも流通させるために、その外国の会社の株式を本国の信託銀行などに預託し、その代替としてその信託銀行などが発行する証券である。このDRを自国内に持ち込み、自国の株式と同様に証券取引所などで売買している。

3.3 どんなときに貨幣が使えなくなるのか

以上のように考えると、これとは反対に、法律で定め、政府が通用させようとしても、人々がその通貨の価値を認めない場合もありうることが予想できるだろう。実際、政府が保証したり法律で定められていた貨幣が使えなくなる例は、歴史上多くみられる。

たとえば1998年のロシア通貨危機では、前年に起きたアジア通貨危機の余波を受けて通貨に対する信用が低下し、ロシアの通貨当局が発行している通貨「ルーブル」が、通用しなくなった[9]。

社会が混乱し政府の信用が落ちると、商店でモノを買うときは、自国通貨よりも米ドルやユーロなどの外国の通貨や、金などの貴金属やタバコなどが通貨の代役を果たすことが多くみられる。インフレや金融危機、政権の末期など、政府の保証する通貨が通用しなくなった例は枚挙にいとまがない。

3.4 貨幣が存在する理由は何か

それは貨幣があると便利だからであり、貨幣がないと困るからである。たとえ通貨を持ち込めない刑務所のなかでも、貨幣の代役としてタバコが使われることがあるという。

4 貨幣の問題

金融論は、貨幣（お金）の研究に始まり貨幣の研究に終わると述べたが、ここまで学んできて、貨幣とは不確かで不安定なものであるという印象を受けたのではないだろうか。

経済を考えるとき、カール・ポランニー[10]が主張した「経済とは、人々

---

[9] 当時のロシアでは、タバコの箱を手でもち頭上で振って示さないとタクシーが止まってくれなかったという、日本の商社マンの証言がある。

[10] 1886年～1964年。ウィーン生まれのハンガリーの経済学者。ハンガリー語ではポラーニ・カーロイという。経済人類学の理論の研究で業績を残した（⇒第3章1.2）。

の共同幻想である」という言葉がヒントを与えてくれる。貨幣もまた、人々の共同幻想、すなわち貨幣の価値に対する人々の「信用」があってはじめて機能するのである。

4.1 不安定性

　貨幣は確かなモノではない。社会が混乱すれば、それまで通用していた通貨が、まったく使えなくなってしまう。

　かつて大航海時代、南アメリカ大陸から銀が大量にヨーロッパに流れ込んだ。そのため通貨として使われていた銀の価値が暴落し、インフレーション（物価の上昇）を引き起こした。当時、金貨は王侯貴族が使い、一般庶民が主に使ったり貯蓄したりしていたのは銀貨であった。そのため銀価の暴落は、とりわけ一般庶民の生活を直撃したのである。

　また、19世紀に産業革命によって生産が増え、経済が急成長していった。しかし、年間に産出される金銀の量は限られていたため、経済社会は通貨不足に陥ってしまった。経済を人間に、貨幣を血液にたとえると、身体が急成長したのに血液の量が追いつかなくなってしまったのである。

　たとえば、経済の成長にともなって1年間に経済規模が10%増加したのに対して、金の産出量が2%しか増えなかったとしよう。単純に考えると、円滑な経済活動のためには通貨量も10%増やさなければならないが、それに必要な金の供給量が2%しか増加しないのなら、金自体の価値は上昇すると予想される。なかには、金を保管して離さない人も出てくるだろう。こうした経済状況では、モノが売れなくなるとともに、通貨の基本である金価格が上昇し、相対的に物価が下落（デフレーション）していく。

　このため、19世紀の経済は、ほぼ10年の周期で不況に陥っている。当時は、原因が通貨量の不足だということがわからず、手の打ちようがなかった。不況が起きるたびに会社が倒産し、失業者が街に溢れ社会不安を起こした。

　現代が管理通貨制度となったのは、金銀の量が経済の成長に追いつかないことをカバーすることも主な理由である。管理通貨制度ならば、金銀の生産

量のような制約がなく、中央銀行が主に長期国債を買うことで経済の成長に見合った通貨量を、社会に供給することができる（⇒第11章2.2）。

4.2 通貨危機

現代における経済的な困難は、しばしば通貨危機、金融危機という名称でよばれている。すなわち、通貨の不安定性・不確かさが原因となって、各国の経済が繰り返し混乱に陥ったのである。

日本における1990年代に入ってからのバブル崩壊後の不況は、金融システム危機による貸し渋りが主要な原因の1つであった（⇒第13章3.2）。1997年～98年のアジア通貨危機、ロシア通貨危機、LTCM[11]危機、2007年からのサブプライム問題から始まるリーマンショックによる世界金融危機、2010年からの欧州通貨危機も、生産や消費に関する実体経済から発した危機ではなく、基本的には金融・通貨の不安定性が原因となっている。さらに、1930年代の世界大恐慌も通貨危機であったことが、ベン・バーナンキ[12]らの研究によって明らかにされ始めた。

ただし本書は金融の入門書であるので、通貨・金融危機には深く立ち入らず、金融の基本的な仕組みと役割を学習することとしよう。

---

11) Long-Term Capital Management の略。アメリカの巨大ヘッジファンド。1998年に経営破綻した。

12) 1953年～。アメリカの金融危機の研究で知られる経済学者。2006年～2014年のFRB議長（アメリカの中央銀行である連邦準備制度理事会の最高責任者）を務めた。1990年代以降の日銀の金融政策を研究し、問題点を指摘した。世界金融危機に際して量的緩和政策（QE: Quantitative Easing program）などの金融政策を行った（⇒第11章4.2）。

第2章
貨幣の機能

第1章でみたように、貨幣とは「貨幣の機能をもったモノ」であった。それでは「貨幣の機能」とは何だろうか。一般に、貨幣は「価値の尺度」「交換・決済の手段」「貯蔵の手段」という3つの機能をもつと理解されている。

1 価値の尺度

貨幣の価値尺度とは、モノやサービスの価値を示す役割をいう。市場が発達し取引が行われるようになると、交換するモノとモノとの価値を比較できるように、それぞれの価値を同一の尺度（同一のモノサシ）で示す必要が出てくる。

たとえば米1kgをもつAと肉1kgをもつBが市場で出会い、米と肉を交換するとしよう。2人がもつ米と肉は同じ重さだが、それらが同じ価値をもつかどうかはわからない。いうまでもなく、モノによって重量1単位あたりの価値が違うからである。このままでは、市場での取引に支障をきたすだろう。

そこで、貨幣という共通の尺度で米と肉の価値をそれぞれ示すことができれば、どれだけの米とどれだけの肉を交換すれば等価になるかがわかる。これが貨幣の価値尺度機能である。

図表 2-1 絶対価格と相対価格

	絶対価格	相対価格	インフレ後	
鶏肉 100 g あたり	80 円	1.00	96 円（20%↑）	1.00
豚肉 100 g あたり	100 円	1.25	115 円（15%↑）	1.20
牛肉 100 g あたり	140 円	1.75	175 円（25%↑）	1.82

実質的に、豚肉は値下がりし、牛肉は値上がりしている。
⇒消費者は、牛肉の購入を減らし豚肉の購入を増やす可能性が高い。
⇒スーパーマーケットの店長は…

1.1 絶対価格と相対価格

　価値を示す尺度が定まると、モノやサービスの価値をその尺度（貨幣）の量で表すことができるようになる。つまり、貨幣が価値尺度になるということは、貨幣がモノの価格を示すことができることを意味している。これによって、市場での取引が物々交換と比べてはるかに円滑になる。

　ただし、価格の変化と経済との関係を理解するには、貨幣で表示された価格と、その価格同士の比率との両方に注目しなければならない。これが絶対価格と相対価格である。ここで、少し先取りして学んでおこう。

　重量1単位あたりの価値（単価）を表す数値として価格が機能する。牛肉1gと鶏肉2gの価値が等しい（等価）と取引相手同士が納得するとき、牛肉の相対価格が2、鶏肉の相対価格が1となる。このように、単位あたりの価格の比を相対価格という。それに対して、単位あたりの価格そのものの数値を絶対価格という。

　図表2-1の数値例をみてみよう。鶏肉の100gあたりの価格が80円で、豚肉の100gあたりの価格が100円、牛肉の100gあたりの価格が140円である。これら80円・100円・140円が絶対価格である。すなわち、普段われわれが買い物で使う価格は絶対価格である。

　それに対して、絶対価格同士の比が相対価格となる。このケースでは、一

番安い鶏肉 80 円を 1.00 とすると、豚肉 1.25、牛肉 1.75 となる。経済学では、相対価格のほうが問題を解く要(かなめ)となることが多い。

たとえば、インフレーションが起き、それぞれの価格が上昇した場合を考えてみよう。インフレとは一般物価の上昇をいうが、仮に全体として物価上昇率の平均が 20% であったとしても、個々の商品の上昇率は異なるのが普通である。表中の「インフレ後」のように、鶏肉 20%、豚肉は 15%、牛肉は 25% の価格上昇という具合である。

そうなると、インフレ後の相対価格も変化する。実質的には豚肉の相対価格が下落し、牛肉の相対価格が上昇したことになる。すると消費者の需要は、牛肉から離れて割安な豚肉に流れることが予想される。

相対価格の変化は、経済取引の従事者に大きな影響を与える。もしあなたがスーパーマーケットの店長ならば、これを予測して豚肉の仕入れを増やすなどの対策を打つ必要に迫られるだろう。

インフレが社会経済に与える幣害の最大の事象として、このような相対価格の攪乱(かくらん)があげられる。

1.2　価格のシグナル機能

もう 1 つ、価格の性質と役割について学んでおこう。価格のシグナル機能とは、市場で変化する価格が、生産者（供給者）にとっては供給量を、消費者（需要者）にとっては需要量を決める際のシグナル（信号）となる機能があることをいう。

たとえば、生産者は市場で決まった価格をみて、もし自社製品の 1 つあたりのコストよりも高ければ、その製品の生産を増やすであろう。一方、消費者は市場で決まる価格をみて、自分が考えているより安ければ、より多く購入することができる。つまり、市場の価格は、いわば信号となって両者に届き、需給量を変化させる役割を果たしているのである。

たとえば、北半球のアメリカで干ばつが起きて、小麦の生産量が減った場合、一定の需要に対して供給が減るため、価格は上昇する。この現象をグラ

図表 2-2 価格のシグナル機能

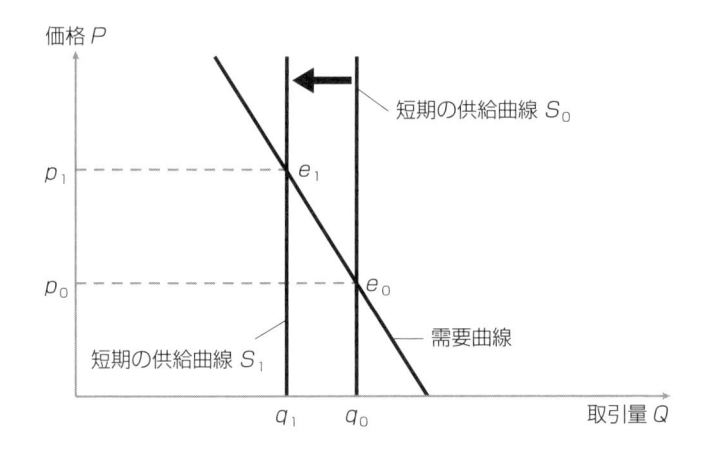

縦軸：価格 P、横軸：取引量 Q。短期の供給曲線 S_0、S_1（垂線、S_1 は S_0 の左側）、右下がりの需要曲線。均衡点 e_0（p_0, q_0）、e_1（p_1, q_1）。$p_1 > p_0$、$q_1 < q_0$。

フを使って説明しよう（図表2-2）。縦軸に価格 P を、横軸に取引量 Q をとり、需要曲線と供給曲線の交点から均衡価格を求める。

まず、モノの買い手である需要者は、価格が高いと消費を抑え、価格が下がるとより多く買うようになる。このため、需要曲線は一般に右下がりとなる。

一方、生産者は商品の価格が上昇すれば多く生産し、価格が下がれば生産量を減らすため、供給曲線は一般に右上がりとなる。ただし、短期的には垂線となることが多い。これは、たとえば小麦の場合、需要が増えて価格が上がっても、種まきから収穫までには時間がかかるため、すぐには供給を増やせないからだ。

ここで、例年の供給量が「短期の供給曲線 S_0」で与えられるとすると、需要曲線との交点が均衡点（e_0）となるので、その縦軸の値である p_0 が均衡価格、すなわち市場で決まる価格となり、横軸の値である q_0 が均衡取引量、つまり市場で取引される数量（取引量）となる。

しかし、北半球のアメリカで干ばつが起こり供給量が減ると、供給曲線は

S_0 から左へシフトして S_1 となる。このとき、需要曲線との交点（均衡点）は e_1 となるので、均衡価格は p_1、均衡取引量は q_1 となる。すなわち取引量が減少し、価格が上昇することがわかる。

すると、季節が反対の南半球では、ブラジルやアルゼンチン、オーストラリアの農家が価格の上昇を信号として受け止め、小麦を多く生産すれば儲かると考えて、例年より多くの小麦を作付けするであろう。順調にいけば、北半球の不足分を半年後に南半球の増産で補えるのである。グラフでは、南半球の増産で短期の供給曲線が右方向にシフト（$S_1 \rightarrow S_0$）することを意味する。

また、消費者に対しても価格シグナルが働く。スーパーマーケットに行って、小麦を原料とするパンや麺類の価格が例年よりも上がれば、たとえば米など（小麦の代替品）を多めに買おうとするだろう。これによって需要サイドからも供給の逼迫を緩和できる。

このように、価格のシグナル機能は市場メカニズムが有効に働くための不可欠な機能である。これもまた貨幣が「価値尺度」として価格を適切に表示することで可能となるのである。

2　交換・決済の手段

2.1　等価交換

貨幣の機能として最も直感的に認識されるのが、交換・決済の手段であろう。貨幣には、文明や（都市）国家の発生と同じほどの古さがみられる。歴史的にみると、納税や損害賠償や示談金の決済の手段として発生したといわれる。

その後、その文明や（都市）国家に欠かせない市場において等価交換が行われるようになると、モノ・サービスの売買の媒介として貨幣が使用されるようになる。

等価交換とは、価値の等しいモノを相互に交換することをいう。貨幣経済ならば、1万円のモノは1万円の通貨と交換される。また物々交換であるな

らば、交換するモノが互いに同じ価値だと思われたときに交換される。

現代に生きる私たちは、等価交換を当然のこととみなしている。しかし、等価交換が行われるようになったのは市場とそこでの取引が発達した後であることが、K. ポランニーによって紹介されている。

史上最も古い等価交換は、紀元前4世紀にアレクサンドロス3世（アレクサンダー大王）によって建設されたエジプトの都市アレクサンドリアで行われたといわれている。そこでは春小麦の市場が開かれ、毎日価格が変動したという記録がある。

すなわち、貨幣のもつ価値の尺度や支払い・決済手段の機能は、市場において等価交換が行われるために必要になった機能であることがわかる。

2.2 一般受容性（一般的受容性）

貨幣が交換・決済の手段となりうるかどうかは、一般受容性に依存している。貨幣の一般受容性とは、貨幣を受け取る者が、次に自分が使うときに取引相手の誰もが喜んで受け取ってくれるという確信である。

仮に、あなたから何かを買う対価として、買い手が「あるモノ」を差し出したとしても、それが誰でも受け取ってくれるようなモノでなければ、あなたはそれを受け取らないであろう。

一方、一般受容性があれば、貨幣の代用として通用することになる。たとえば、刑務所内ではタバコが貨幣の代わりとして使われるという話もある。そこでは、タバコが貨幣の機能をもち、しかも一般受容性があるものとされたことになる。

3　貯蔵の手段

貨幣の貯蔵手段としての機能については、ロビンソン・クルーソーの話がよく使われる。無人島に漂着したクルーソーは、そこで金貨の山をみつける。最初、大金持ちになったと喜んだクルーソーは、やがてそれが無意味である

ことに気づく。市場もなく取引相手もいない島では、支払い・交換手段としての貨幣をもっていても使い道がないのである。

しかし、28年後、クルーソーは救助されて社会に戻り、その金貨によって豊かな老後を送った。このエピソードは、貨幣の貯蔵手段としての機能を端的に示している。

3.1 貨幣の貯蔵機能と分業

貨幣の貯蔵手段としての機能によって、所得を得る時点と支払いを行う時点を分離することが可能となった。たとえば、米は秋にしか収穫できない。秋に米を貨幣と交換し、それを少しずつ使うことによって米専業の生産者も、1年間の支払いを行うことができる。そして、貨幣の価値貯蔵機能を通して、分業による職業の細分化と専門化を促進し、市場経済の効率を高める効果が得られる。

3.2 ビジネスリスクのクッション

さらに、会社などにおいて、貨幣の貯蔵機能を通して大規模な資本が形成されると、会社がビジネスを行ううえで、リスクに対するクッションの役割を果たすことができる。たとえば、新しく売り出した商品が売れなかったり、改良の余地が生まれたりすることもある。そうした場合、過去の売上高の一部を貯蓄（内部留保）しておけば（資本を「厚くする」という）、諸経費にあてたり、改良費用として使ったりすることができる。

このように、資本の蓄積が厚く、リスクへの抵抗力が高いことを、会社の資本の「リスク許容度が大きい」という。逆に資本の蓄積が少ないと、失敗から立ち直れなくなることを恐れ、その企業はなかなかリスクに挑戦できない。企業がリスクに挑戦しなければ、経済全体の活性化を阻害することにもなる。

貨幣の保蔵手段としての機能が、貨幣の蓄積である資本のリスク許容度を作り出し、経済の活性化に役立っているのである。

第3章

貨幣の歴史

　貨幣であれ、金融であれ、人々が長い年月にわたって改善を重ね、今日に至ったものである。そのため、なぜ今日のかたちになったのかは、歴史を知ることによってこそ納得できる。本章では貨幣の歴史を知ることによって、貨幣の本質や性格について、さらに深く学んでいこう。

1　貨幣の誕生

1.1　貨幣の使用

　古代、交通の要所に市場が生まれ、貨幣が使われるようになった。経済学の父といわれるアダム・スミス[1]は、その主著『諸国民の富（国富論）』のなかで、物々交換による取引よりも媒介物を使った取引が効率的であるため、媒介物としての貨幣が生まれたと説明している。

　こうした貨幣の起源についてのスミスの見解は、それ以降の経済学において、長い間受け入れられていた。とくにウィリアム・スタンレー・ジェヴォンズ[2]は、貨幣が交換・決済手段として取引の効率性を高める点に着目し、物々交換の問題点を「欲望の二重の一致」という概念で説明した（⇒第1章1.1）。

---

1) 1723年〜1790年。スコットランド生まれのイギリス（グレートブリテン王国）の経済学者・神学者・哲学者。現代に続く主流派経済学の直接の祖とされる。

1.2 貨幣の起源

　これに対し、ポランニーは著書『貨幣論』で、市場経済時代においては不可分である交易・貨幣・市場の３つは、それぞれ別の起源と発展過程があることを示した。そこでポランニーは、この「欲望の二重の一致」の話は、「市場経済」における「等価交換」という２つの要件が常識となった時代に生きる人々の錯覚であり、それ以前の人々の行動に、自分たちの感覚を押し付けているとして、スミス以来の貨幣の起源に関する説に反論した。

　ポランニーによると、貨幣は宗教（呪いや副葬品）や、支配者への貢物、あるいは支配者からの下賜という政治的な目的のために誕生したという。「地獄の沙汰もカネ次第」という諺もあるが、生前・死後を問わず、貨幣は支配者への献上品であり、その返礼であったのである。その後、中国やトルコ・ギリシャの遺跡発掘によって、考古学の成果からポランニーの説が注目を浴びている。

1.3 古代文明と市場

　四大河文明は、大河のほとりに都市国家が建設され、発展してきた。かつては大河の水と農業が文明発祥の要因として注目されたが、現在では市場と商業が、都市国家の建設と、その結果としての文明の源として注目されている。

　ここで、そうした研究が進んでいる中国大陸の歴史を紹介しよう。中国大陸では、黄河流域に市場をもった都市国家が発展し、文明を作ったと考えられている。

　その都市国家に住み漢文を使う人々は、自分たちの文明を受け入れるなら

---

2) 1835年～1882年。19世紀のイギリスの経済学者。同時期に活躍したスイスのL. ワルラス、オーストリアのK. メンガーとともに、財・サービスの価値を説明するそれまでの有力説であった労働価値説に対し、新しい考え方である限界効用を数学的に説明し、経済学において「限界効用革命」を起こした。景気循環と太陽黒点の関係を示したジェヴォンズの太陽黒点説も有名である。

ば、出身民族や出身地にかかわらず受け入れた。そして自分たちを「華夏(かか)」と称し、東西南北に住む人々をそれぞれ「東夷(とうい)」「西戎(せいじゅう)」「南蛮(なんばん)」「北狄(ほくてき)」とよび、4つをまとめて「夷狄(いてき)」3)と称した。

夷狄とよばれた人たちは、4つの地域の分岐点であり交通の要所に位置する黄河流域の都市国家の市場(いちば)にそれぞれの生産物をもって出向き、交易を始めた。

考古学的に実在が確認されている中国最古の王朝とされるのは、「商」（紀元前17世紀頃～紀元前1046年）である4)。商は黄河流域で人が住める盆地に都市を作り、王が変わるたびに転々と移転したとされる。有名な遺跡である殷墟(いんきょ)は、商の最後の首都である。

都市に人口が増えると、食料への需要が増え、都市国家の周辺に農業が起きた。ただし、中国のこの時代の資料で、等価交換が行われていたか否か、またいつ頃から行われ始めたかを示す証拠はない。

2 貨幣の発展

米は東アジアから東南アジアの広い地域で受け入れられたといえるが、貨幣としては普及しなかった。それというのも、まず、米は本来食料であり、消費されてしまうからである。

また、一定期間は保存できるとしても、いつかは腐ってしまう。つまり、米は価値尺度としても交換・決済手段としても一定の機能を果たしえたが、貯蔵・蓄積手段としては限界があったことになる（また、持ち運びにも便利とはいえなかった）。

---

3) 当初、これらの呼称に蔑んだ意味はなかった。しかし、周の時代以降、黄河流域の王朝に帰順しない周辺民族から絶えず攻撃や略奪を受けたことから、蔑称の意味を込めるようになったという。
4) 中国では『史記』以来、「殷(いん)」とされていたが、これは他称であり、自称では「商」である。このため、現代の中国では「商」もしくは「商殷」とよばれることが多い。

では、貨幣としてふさわしいモノは何か。中国では絹が貨幣として使われたこともあり、また貝や石は中国のみならず世界の多くの地域で貨幣として使われた。これらは物品貨幣とよばれる。

そして、金や銀・銅などの貴金属が貨幣の主流となっていく。金属は保存性・等質性・分割性・運搬性など、貨幣としての便利な条件を満たしていることが普及につながった。

最初は秤量(ひょうりょう)貨幣といい、地金(じがね)を秤量する（重さを計る）ことで使用されていた。やがて、あらかじめ一定の重量と価値をもつ計数貨幣として、鋳造したコインが現れた。

2.1 鋳造貨幣

現在までに発掘されている最古のコインは、紀元前7世紀にリディア王国（現在のトルコ地域）で作られたエレクトロン貨という金貨であるといわれる。その後、隣の古代ギリシャでも金貨が作られた。

中国では、戦国時代（紀元5世紀）には物品貨幣のかたちに似せて作った鋳造貨幣（布貨、刀貨など）が使われた。紀元前221年に秦の始皇帝が中国を統一すると、貨幣も統一して半両銭が作られた。この半両銭は真中に穴の開いたコインで、その後の東アジア地域の銅銭の基本形となった。

ローマ帝国の時代には、金貨や銀貨の流通が増える。これは、ローマ帝国が兵士の給与として、デナリウス銀貨を大量に用いたためである。その後の地中海世界では、庶民が使う銀貨、それを補助する低額通貨の銅貨、王侯貴族が使う高額通貨の金貨という通貨の体系が定着し、近代以降のヨーロッパにまで引き継がれた。近代の基本的な通貨システムとなった金本位制は、この流れを受けて成立した（⇒第4章3.1）。

2.2 日本の通貨の歴史

ここで日本の通貨の歴史についてもみておこう。古代から大陸の文明を取り入れてきた古代の日本は、通貨についても中国の制度を取り入れた。

古代においては、中国を手本として銅銭を作った。有名なのは飛鳥時代の和銅元年（西暦708年）に作られた和同開珎であるが、近年の考古学の発展で、和同開珎以前にも銅銭が作られた可能性が指摘されている。

それ以降も新しい銅銭が作られたが、質の低下と、朝廷が実際の価値よりも高い価格で通用させようとしたことで信用を大きく低下させ、使われなくなっていった。

平安時代中期（11世紀）からは、絹が貨幣として用いられる時期が続いた。しかし商業が活発になると、中国との貿易を通じて宋の銅銭が流入してきた。最初の武家政権である平清盛は、とくに宋との貿易に力を入れたが、主な輸入品が宋銭だった。戦国時代までは、これらの宋銭や明の永樂通寳[5]が日本国内で（自国通貨の代用として）通用した。

戦国時代に入ると金山や銀山の開発が進み、砂金や灰吹銀[6]が大口取引に用いられ、やがて金貨や銀貨が戦国大名の命により鋳造された。天下を統一した豊臣秀吉も金貨や銀貨を鋳造させたが、豊臣政権が短かったこともあり、恩賞などに使われた程度で通貨としての性格は薄かった。

2.3 江戸時代

通貨制度の整備　江戸時代になり泰平の世が長く続くと、貨幣制度が徐々に整備されていった。幕府は貨幣の発行を独占し、金貨（小判・一分判）・銀貨（丁銀、豆板銀）・銅貨（銭貨）の三貨の鋳造を行った。なお、貨幣を発行した場所をそれぞれ金座、銀座[7]、銭座とよんだ。

貨幣とは、商売の利便性と地域の事情に即して生まれ、発達していくもの

---

[5] 織田信長は旗印として永樂通寳を用いている。一説には、楽市楽座（自由市場）政策など、信長が貨幣の流通に早くから注目していたためであるともいわれる。

[6] 1533年に中国からもたらされた灰吹法によって作られた秤量貨幣。石見銀山で初めて導入された後に各地の銀山に導入され、産銀は著しく増大し、江戸時代初期に最盛期を迎えた。しかし、灰吹銀の品位は産地によりさまざまであったため、全国的な発展は望めず、漸時「丁銀」に切り替えられていった。

である。当時の東日本には金山が多く、西日本には銀山が多かった。そのため江戸では金貨が流通する「金遣い」であり、幕府の作った計数通貨である小判や銅銭を利用した。それに対して、上方（大坂）では主として銀貨が流通する「銀遣い」であり、丁銀や豆板銀といった目方で価値を決める秤量貨幣が主流であった。

そのため、幕府の定めた通貨制度もすぐには定着しなかった。幕府が初めて銀貨を計数通貨として鋳造したときは、商人が協力せず失敗に終わった銀貨が計数通貨として流通し始めるのは18世紀半ばであった。

金融業の発達　このように、江戸では計数貨幣（金貨・銭貨）が用いられ、上方では秤量貨幣（銀貨）が使用されたことから、両地域間の交易では日常的に三貨の間で両替が必要となり、両替商が活躍した。幕府が金貨・銀貨・銅銭の交換比率（「御定相場」という）を定めたが、現実には変動相場制で取引された。

やがて、両替商が資金を貸し出すことも多くなり、金融業の発達へとつながった。また、大量の金属製のコインを所持して旅をすることは不便であり、盗難の危険もあったため、手形取引も発達した。

たとえば、江戸の商人Ａが大坂で商売をしたいとき、小判（金貨）などを江戸の両替商Ｂに預け、その証明書として手形を受け取る。商人Ａは手形をもって大坂に行き、大坂の両替商Ｃに手形を渡して銀貨を受け取り、商売に使う。同様に、大坂の商人も江戸へ出て商売を行う。そして一定期間後、江戸の両替商Ｂと大坂の両替商Ｃがお互いの金額を差し引きして決済したのである。

---

7)　銀座とは、中近世の日本の政権において貨幣の鋳造および銀地金の売買を担った場所に与えられた呼称である。京都・長崎・駿府（静岡）など各地に置かれた。
　　江戸の銀座は、1612年に駿府銀座より移転し、京都の銀座より座人が1年ごとに勤番交代を行った。銀座役所は現在の東京都中央区銀座二丁目にあたり、現在の銀座の地名の元となった。

幕府の弱体化　江戸時代には、経済の拡大にともない通貨の流通不足に陥り、他方で幕府の財政悪化が深刻化した。このため、貨幣の改鋳が計14回も行われ、金貨や銀貨に含まれる金銀の含有率が引き下げられ、通貨の質が低下していった[8]。

　幕末には開国にともない大量の金貨が流出したため、万延の改鋳で小判（金貨）の金の含有率が引き下げられた[9]。また、各藩が藩札という紙幣を発行し、多くの種類の通貨が流通したために国内の金融が混乱し、諸外国の反発を買うことにもなった。この混乱が幕府崩壊の一因ともなった。

　そして明治維新後、明治政府は現代に続く西洋の通貨制度を導入した。

3　紙幣の登場

　次に、現代の貨幣を代表する紙幣の歴史をみていこう。紙幣は、中国で誕生し、時代の要請に応じて変化してきた。

3.1　手形による代用

　紙幣の前身として、中国の唐の後半（9世紀）の飛銭（ひせん）があげられる。これは、堰坊（せきぼう）という所が銭・金銀・布帛（ふはく）（布や織物の総称）などを預かり、預かり手形として発行したものである。堰坊は唐の首都の長安と地方の大都市に置かれ、飛銭を持ち込むと銭や金銀・布帛と交換できた。

　長い旅をする商人にとって、飛銭は非常に便利であった。商品や貨幣を堰坊に預けて飛銭を受け取り、地方の大都市にある堰坊に飛銭を持ち込むと商

---

[8]　このため、江戸幕府による最初の金貨である慶長小判は現在の単位に換算して量目約17.8g・金含有率84.3％あったが、最後の万延小判に至っては量目約3.3g・金含有率56.8％と、辛うじて金貨の体裁を維持しているにすぎない水準にまで低下した。

[9]　金が流出した大きな原因は、国内外の金と銀の交換比率の違いであった。幕末開港時の1859年で国内の金銀交換比率は1：4.65であったが、欧米の相場は1：15.3程度であり、大きな差があった（つまり、当時の欧米では銀に対する金の価値が日本よりも高かった）。

品や貨幣が受け取れるため（ただし、大都市の間の旅に限られ、預けられる商品も限られた）、重い荷物や銭を持ち運ばなくてもすんだからである。

3.2　紙幣の信用と普及

交子　10世紀の宋の時代に入ると、飛銭に代わって交子が流通するようになった。交子は銭の預かり証としての手形であり、飛銭と異なる点は取引の支払いに使われたことである。銭は重くてかさばるため、大口の取引の際には不便である。そこで、銭と交換できる交子が銭の代わりとして使われるようになった。

ただし、これは政府によって発行されたものではない。四川の中心都市の成都で金融業などを営んでいた16人の富豪たちが、政府に申請して交子鋪という組合を作り、そこで人々から銭を預かって交子を発行したのである。

貨幣が貨幣として人々に受け入れられるためには、一般受容性すなわち使う人々からの信用が必要であった。その信用を裏づけるには、紙幣をある所（この当時の中国ならば堰坊、近代以降は中央銀行）に持ち込めば、いつでも金銀や布帛などの実物資産と兌換（引き換えること）できることが保証されていなければならない。

ただし、いつ持ち込んでも実物資産に兌換できると人々が確信していれば、なにも今すぐ兌換する必要がなくなる。そこで、この手形が貨幣と同じように人々に認められ、他の地域においても支払手段として流通していった。これは、飛銭などの手形や紙幣が銭・金銀などと比べて軽く、かさばらないため、旅先でも所持して回ることが容易であったからである。貨幣の存在理由が、「あると便利だから」「なくなると不便になるから」であることを思い出してほしい。

3.3　宋による紙幣の発行

民間の金融業者から生まれた交子は、やがてその他の類似の手形を押しのけ、中国全土に普及していった。しかし、四川地方の交子鋪が事業に失敗し

て不払いを起こしたため、宋は民間の交子を禁止し、政府として交子を発行し流通させた。この交子が、政府が管理する通貨としては世界初の紙幣といわれる。

まず、公式の銭（本銭という）を36万貫[10]保管して兌換準備金とした。紙切れでしかない交子を政府に持ち込めば、兌換準備金として保管してある本銭と兌換することを保証したのである。これによって交子に対する人々の信用を高め、一般受容性を確保した。

また、当時は茶や塩の専売制度が行われており、生産地における専売品との引換えに用いた茶引・塩引とよばれる手形も紙幣の代用品となった。

宋代の交子で注目されるのは、レバレッジ（梃子）効果である（⇒第9章4）。兌換準備金36万貫に対して、その約3.47倍にあたる125万貫の交子が発行された。いつでも兌換できるならば、人々は今すぐ兌換には来ないので、準備金は少なくても問題ないのである（⇒第4章1）。

このように、紙幣の発行体は本銭の何倍もの紙幣を発行することができるため、その差額は巨大な利益となる。これをシニョリッジ（seigniorage）という。日本では、利益そのものをさす通貨発行益と、通貨を発行して利益を得る権限をさす通貨発行特権の両方の意味で用いられる。

これらの特徴が確立し、ここに交子は手形から（狭義の）紙幣となったと考えられている。ただし、その起源である手形と同様に有効期限があり、期日が到来すると、原則として本銭や現物資産と交換されることになっていた。しかし現実には、期限前に回収され新しい交子が発行された。

3.4　モンゴル帝国による紙幣

その後、モンゴル帝国が勃興し、ユーラシア大陸の大半を支配した。モンゴル政府は武力で旅や通商の安全保障を図り、中央アジアのシルクロードの

---

10) 貫とは、銭1,000枚を示す単位である。もともと貫とは大量の銭を携帯するために銭を束ねた道具「銭貫」のことで、銭の中央に空いている穴に貫を通して1,000枚を1組とした。

交易を生業(なりわい)とする民族と組み、交通網や貨幣制度も整備し、交易を保護した。これによりユーラシア大陸全体の交易が栄え、モンゴルによる平和（パックス・モンゴリア）とよばれる繁栄がもたらされた。

　元のクビライが即位した1260年には、交鈔(こうしょう)が発行された。宋ではあくまでも銅銭が基本貨幣であり、交子はあくまでも預かり証（手形）であって補助貨幣とされた。それに対して交鈔は、補助貨幣ではなく基本貨幣とされた。これは、金銀との兌換（交換）が保証されている兌換通貨であり、以前の紙幣（飛銭や交子）と違って、その有効期限をもたなかった。

　しかし、パックス・モンゴリアは長続きしなかった。13世紀後半に世界が寒冷化し、農作物が凶作になった。さらに、政府が資金を調達するために交鈔を大量発行したため、インフレーションが起きて社会が混乱した。さらにモンゴルの皇帝の世継ぎ争いもあって、パックス・モンゴリアは崩壊してしまったのである。

　この後の貨幣の発展は、主にヨーロッパへと移ることになる。そこで次章では舞台をヨーロッパに移し、銀行の誕生と成長を通して金融の仕組みを学ぶこととしよう。

第2部　金融システム

第4章
銀行の信用創造と通貨制度

本章では、現代の金融システムの基本となったヨーロッパの銀行と通貨制度について学んでいこう。

1　銀行の信用創造

ヨーロッパでは16世紀半ばに起きた価格革命[1]以降、商業活動の決済に大量の金銀が使用されるようになった。しかし、この金銀をそれまでのように取引に使用すれば、盗難にあったり磨耗したりする。そのため人々は金銀を貴金属細工商（金匠）に預け、代わりに証書（手形）を受け取った。

手形はいつでも金銀に兌換できるため、紙でありながら価値をもった。人々は、やがて金貨や銀貨ではなく、その手形を使用して取引をするようになった。これが現代の紙幣の始まりとなる。

やがて金匠は、自分が発行した手形を持参して金銀を引き取りに来る人が少ないことに気づいた。それは、人々がその手形を貨幣として使用しているかぎり、金銀と交換する必要がないからであった。

そこで金匠は、新しいビジネスチャンスに気づく。すなわち、それまでの

---

[1]　大航海時代以降、メキシコ、ペルー、ボリビアなど南アメリカ大陸から大量の銀が流入した結果、ヨーロッパの銀の価格が下落し、モノの価格が大幅に上昇した。この価格の激変を「価格革命」と称した。

経験から割り出した一定率[2]の量の金銀のみを手元に置き、ほかの金銀は他人に貸し付けて金利を得る。これが銀行業の始まりである。

1.1 融資業務

金匠が考えた新しい金融ビジネスの仕組みを詳しくみていこう。これは、金匠が自身の社会的信用を利用して実際に預かった金貨よりも多くの貨幣を供給するという、現代の銀行の最も重要な業務の発端となったものであり、信用創造といわれる。

簡単な数値例でみてみよう。今、金細工商 A に自営業者 B が金貨を 10 枚、C 社が金貨を 60 枚、D 社が 30 枚を預けたとしよう。金細工商 A は、合計 100 枚の金貨を預かったので、各々に金貨の枚数を明記した預かり証を発行する。

ここで金細工商 A は、これまでの経験から、人々は預けた金貨のうち 8 ％ だけしか引き出さないことを知っていると仮定する。そこで A は、預かった金貨 100 枚のうちの 8 枚に予備として 2 枚を加えた 10 枚だけを、いつでも支払える準備として手元に置く。すると、残りの 90 枚を他人に融資し、その金利収入を得ることができることになる。

1.2 発券銀行業務

市場では、彼らの発行した預かり証が紙幣として流通した。金細工商が発行した預かり証を、人々が「いつでも額面分の金貨と交換できる」と信じるかぎり、人々は商品を売り渡す対価として、この預かり証を受け取ることになる。

すると、預かった金銀をすべて手元に置き、その何倍かの額の預かり証を

---

[2] 支払準備率という。預かった金銀の量を分母とし、そのうち過去の経験則から実際に引き出しにくると予想される金銀の量を分子として算出する。したがって、よほどの事態が起こらないかぎり、預かった金銀の量に支払準備率を掛けた量だけ手元に残しておけば、回収しに来た人に対応できることになる。

発行（融資）し、金利を得ることもできる。たとえば、金細工商 A は先ほどと同じく金貨を計 100 枚預かり、各々に預かり証を発行する。そして、預かった 100 枚の金貨をそのまま支払準備として手元に置き、代わりに金貨 900 枚分の預かり証を発行すれば、先のケースに比べて金利収入は 10 倍となる。

なお、金細工商 A は、当初預かった金貨 100 枚に対して、預金者に渡した 100 枚に加え、新たに金貨 900 枚分の預かり証を発行しているので、当初の 100 枚に対して 10 倍の貨幣（通貨）を供給したことになる。これを「信用創造」という。この場合の信用創造とは、貨幣の供給にほかならない。

1.3 信用乗数

銀行が、受け入れた金貨（貨幣）の何倍の貨幣を発行するかという倍率を「信用乗数」といい、支払準備率の逆数[3]となる。支払準備率が 10%（＝ 0.1）のこのケースでは、信用乗数は 10 倍（＝1÷0.1）となる。たとえば、預かった金貨 100 枚全額を支払準備とすると、100 枚が 10% に相当するので、通貨供給量は金貨 1,000 枚分となる。

金貨など貴金属貨幣は、生産量に限りがあるため、経済・商業が発展して貨幣への需要が大きくなっても、十分に供給できなくなるという欠点をともなう。つまり、経済の発展（たとえば経済成長率）と通貨供給量の増加率とが必ずしも一致しないのである。経済の成長率に金銀供給量の増加率が及ばないときには貨幣不足となり、デフレーションに陥る。逆に、金銀の増加率のほうが大きければ貨幣過剰となり、インフレーションが発生する[4]。

しかし、銀行による信用創造ならば、経済に見合う貨幣需要に対応しながら貨幣（通貨供給量）を増やすことができる。金銀の存在量に制約されない

---

3) 逆数とは、ある 0 でない数に対し、乗算（掛け算）した結果が 1 になる数である。すなわち、0 でない数 a に対する逆数は $1/a$ と表される。

4) 物価が持続的に下落する現象をデフレーションとよび、反対に物価が持続的に上昇する現象をインフレーションという。ここでは、貨幣が不足すると貨幣の価値が高まるため相対的に物価が下がり、反対に貨幣が過剰になるとその価値が下がるため、相対的に物価が上昇するという意味である（⇒第 1 章 4.1）。

紙幣であれば、信用調整は弾力的に行うことができる。これが、紙幣が貨幣として経済社会に受け入れられた要因の1つであると考えられる。

ただし、この仕組みにも欠点はある。銀行に預けられている金の何倍にも相当する紙幣が供給されるということは、もし金融危機や通貨危機が起こり、人々が一斉に金貨を引き出そうとして銀行に押し寄せる（「取り付け騒ぎ」という）と、もともと支払準備率に見合う限られた量の金貨しか保有していない銀行は、顧客の要求に対応できなくなる。

すると、銀行が経営難に陥り、貸し渋りを起こすと貨幣の供給が細り、デフレーションが起きて世の中は不況に突入する[5]。逆に経済が過熱して銀行が多量の紙幣を供給すると、インフレーションが引き起こされ、一般物価が上昇するなかで、一般市民の生活に支障をきたすことになる[6]。

2　中央銀行の設立

2.1　イングランド銀行の成立

17世紀以降、ヨーロッパではどの銀行も紙幣を発行することができた。その後、中央銀行が各国に設立され、紙幣の発券業務を独占していく。

世界初の中央銀行は、1668年設立のスウェーデンのリスクバンク（スヴェイエス・リスクバンク）であるが、世界の手本となったのは産業革命を初めて起こしたイギリスのイングランド銀行である。

イングランド銀行は、1694年に戦費の調達を目的として政府のために設立された銀行である。ただし、当初から中央銀行であったわけではない。中央銀行には、「政府の銀行」「発券銀行」「銀行の銀行」という3つの機能があるが（⇒第5章3.2）、当時は多くの銀行が紙幣を発行していたので、イン

---

[5]　19世紀のイギリスは、貨幣供給不足からほぼ10年おきに不況に陥っていたが、当時は原因がわからず対策が立てられなかった。

[6]　とくに第1次世界大戦後のドイツのハイパーインフレーションは有名である（⇒第4章3.2）。

グランド銀行が唯一の発券銀行ではなかったのである。

その後、18世紀に入ると恐慌が繰り返し発生し、経営破綻する銀行が増えた。すると、その銀行が発行していた紙幣は価値を失ってしまうため、経済が混乱し、恐慌をますます深刻化させた。

そこで、イギリスは1844年にピール条例（銀行条例）を制定し、紙幣（銀行券）の発行を、イングランド銀行が独占することを決めた。ここに、発券銀行の機能が確立した。

このように、イングランド銀行は「政府の銀行」として誕生し、時代の要請に応えながら、現在の中央銀行としての機能を備えていった。それに対し、後進の日本銀行（1882年）やアメリカの連邦準備制度（1913年）などは、当初から紙幣の発行業務や金融政策の実施を目的として設立された。

こうして、紙幣は中央銀行の負債という金融商品として位置づけられた。ただし、ピール条例は、原則的に中央銀行の発券額は金や外貨などの保有資産総額を上限とする（つまり、支払準備率100％）と規制したので、金細工商のように保有資産の数倍の紙幣を発行することはできなかった。

2.2 商業銀行

ピール条例によって紙幣の発行業務が禁止された銀行は、人々から貨幣を預かり、その預金をもとにして融資する商業銀行へと変身していった。そして、預金による信用創造を行い、利子収入を得ていった。

数値例で確認してみよう。今、銀行Aに、自営業者Bが紙幣（中央銀行券）を10枚、C社が紙幣を60枚、D社が30枚、計100枚を預けたとしよう。銀行Aは、各々に預金通帳を発行する。預金者は、てこから紙幣を引き出したり、また銀行振込により決済したり、小切手や手形を振り出して決済したりしてもよい。この場合、預金には「支払手段」「価値貯蔵の手段」の機能があり、貨幣の役割を果たしている。

次に、銀行は預かった100枚の紙幣をそのまま支払準備[7]とし、その代わりに最大で紙幣900枚分の貸出しを行うこととする。ただし、商業銀行が

貸出しを行う場合は、貸し出す相手（借り手）に紙幣を渡すのではなく、借り手の当座預金残高が融資を受けた金額だけ増加する。これは「預金」という貨幣を貸し出すことであり、銀行による信用創造を意味する。

この制度が一般化した現代では、銀行の信用創造というと、通常は商業銀行による預金通貨の創造のことをさす。

3 通貨制度

ここまでみてきたとおり、通貨システムは民間の経済活動のもとに成立していった。これを受けて、政府は中央銀行制度を確立するなど、通貨制度を整備していく。

3.1 金本位制度

通貨制度は、当初は古代から通貨とされてきた金を中心とした金本位制度であった。金本位制度とは、金（gold）を貨幣価値の基準とする制度である。具体的には、金貨を鋳造して本位貨幣[8]とし、かつ自由鋳造と自由融解を認めたものである。すなわち、金貨は同じ重量の金地金とまったく同じ価値をもつ。

紙幣を中央銀行に持ち込むと、金貨[9]もしくは金地金と交換（兌換）できる。このように、金と兌換できる紙幣を兌換紙幣という。

先に述べたとおり、イギリスではピール条例により、中央銀行が常に発行した紙幣の残高と同じ重量（価値）の金を保有することを義務づけた。すなわち兌換紙幣は金の裏づけがあることになり、金と同等の価値がある貨幣と

---

[7] 現行の法律で、商業銀行は銀行の銀行である中央銀行に支払準備を預ける義務がある。
[8] ある国の貨幣制度が金に裏づけられている（金本位制）場合、貨幣はその額面に相当する一定量の金を含み、実質価値と標記額面との差がない。これは正貨ともよばれる。貨幣とは本来はこの本位貨幣を表す言葉である。
[9] 1816年に貨幣法が制定され、1817年から1枚1ポンドのソブリン金貨が鋳造された。

して認められることになった。

　これは、当時のイギリスに金が集中していたために可能であった。世界に先駆けて産業革命を成功させ、ナポレオン戦争にも勝ち抜いたイギリスは、その経済力により金を集め、金本位制度を始めたのである。その後、ヨーロッパ各国も次々と追随し、19 世紀末には金本位制が国際的に確立した。

　これを受けた外国為替取引（各国通貨間の売買取引）は、固定相場制 10) となった。各国の通貨は金を中心に固定された。イギリスのポンドを中心とする金本位制は、第 1 次世界大戦直前の 1914 年まで約 1 世紀にわたり続いたが、この背景にはイギリスの強い海軍力と経済力による平和な時代（パックス・ブリタニカ）の確立があった。

　しかし、第 1 次世界大戦の勃発とともに各国政府は金本位制を中断し、管理通貨制度に移行する。これは、戦争によって増大した対外支払いのために金貨を政府に集中させる必要が生じ、金の輸出を禁止、通貨の金兌換を停止せざるをえなくなったからである。

　第 1 次世界大戦後の 1925 年にイギリスは金本位制に復帰するが、1929 年 10 月に始まった世界大恐慌の後の 1931 年に再び金本位制から離脱した。第 1 次世界大戦の結果、世界一の経済大国としての地位がイギリスからアメリカへと移っていく過程での出来事であった。

　第 2 次世界大戦後、米ドル金為替本位制（IMF 体制またはブレトン・ウッズ体制ともいう）が創設された。第 2 次世界大戦で他国経済が疲弊するなか、アメリカは世界一の金保有量を誇っていた。米ドル金為替本位制とは、米ドルのみを兌換紙幣として発行し、これを世界の基軸通貨（金に代わり国際間の決済や金融取引などで主に使われる通貨）として、その他の国は米ドルとの固定為替相場制を行う仕組みをいう。各国通貨も米ドルを介することにより、間接的に金と結びつくかたちでの金本位制となった。

---

10)　固定相場制とは、各国政府間で為替レート（自国通貨と外国通貨の交換比率）を固定・維持する制度をいう。これに対して変動相場制とは、為替レートが外国為替市場における各国通貨の需要と供給の関係に任せて決まる制度のことである。

しかし、1971年8月にニクソンショック[11]が起き、金本位制は完全に終焉を迎えた。以降は金と米ドルの兌換が停止され、各国の通貨も1973年までには変動為替相場制に移行した。

3.2 管理通貨制度

管理通貨制度とは、通貨の発行量を通貨当局が調節する制度をいう。金本位制では、中央銀行券の発行量が正貨準備高[12]に拘束されるのに対し、管理通貨制度では通貨の発行量が正貨準備高に拘束されないため、景気や物価調整のために通貨量を柔軟に調整することができるという長所がある。

短所としては、貨幣の価値が通貨当局の信用力によって裏づけされるため、金本位制に比べるとその価値は不安定になりやすい。

また、通貨当局と行政府の関係（独立性と協調性）が常に問われる。もし通貨当局が行政府の影響下にある場合、景気対策のために金融緩和政策が行政府から要求され、その結果、恒常的な金融緩和がインフレを招く可能性が高いと懸念される。一方、独立性が極端に保護されている場合には、通貨当局の失策が国家に破滅的な混乱をもたらす場合がある[13]。

以上のような短所もあるため、管理通貨制度においては、通貨当局の金融政策による貨幣価値の安定化が重要な課題となっている。

---

[11] それまでドル紙幣と金を固定比率で兌換していたが、ニクソン米大統領がそれを停止したことにより、固定相場制度の終焉など世界経済に大きな変化が起きたことをいう。この兌換停止決定はアメリカ議会にも事前に知らされておらず、世界にきわめて大きな驚きを与えた。

[12] 中央銀行が発行する銀行券の、兌換に備えて手元に保有する資産のことで、金本位制ならば金貨とその地金および確実に金に換えることのできる外貨資金などをいう。

[13] 第1次世界大戦後のドイツにおける1922～23年のハイパーインフレーションが、ライヒスバンクの悲劇として知られている。ドイツの中央銀行であるライヒスバンクが政府の管理から離れ紙幣を大量発行したため、ハイパーインフレーションが起きた。

米ドルとの為替レートでみると、第1次世界大戦前の1914年7月に1米ドル＝4.2マルクだったが、戦後のインフレで1923年1月には1ドル＝7,525マルクとなり、さらに同年7月に1ドル＝16万マルク、11月には4兆2,000億マルクにまで暴落した。

第5章

金融取引と金融機関

　金融市場とは、資金を貸し借りする取引（金融取引という）が行われる場である。金融取引の範囲や資金の性格によって、金融市場の意味も広狭さまざまに考えられる。本章では、金融取引や金融機関について学んでいく。

1　金融取引

　資金は、一方的に融資されたり投資されたりするものではない。提供した資金の対価として、必ず何らかの金融商品を取得する。したがって、資金とある金融商品、ある金融商品と別の金融商品のやり取りが、金融取引であるといえる。

1.1　条件付請求権

　狭い意味では、金融取引とは条件付請求権の売買にかかる取引と定義される。条件付請求権とは、将来のあらかじめ定められた時点で、ある特定の条件に応じて資金を受け取る権利を表章した証券その他のものと定義される。
　たとえば、国債という金融商品を買う（国に資金を貸したことになる）と、半年ごとに決まった金額の利息が得られ、満期償還時には額面に記された金額が返済される。
　ただし、日本の法律では金融商品として次の4つが限定列挙されており、

預金と貸出しは含まれていない。

- 有価証券
- 外為法に規定する支払手段・証券・債権（各種のローン）
- 通貨
- デリバティブ取引として定められているもの

そこで、本書では金融商品よりも広い概念である条件付請求権を使い、金融取引とは条件付請求権の売買にかかわる取引として話を進めよう。なお、条件付請求権は、実際に書面などに印刷されていることを要件とせず、電子上のデータも含まれる。

1.2 負債契約と株式契約

条件付請求権（金融商品）は、負債契約と株式契約に大別される。

たとえば、Aという会社が発行した年利率5％の社債[1]があるとする。この社債の所有者は、資金の提供に対してA社の業績に関係なく毎年5％の利息を受け取る契約をしていることになる。このように、金額があらかじめ決められているタイプの条件付請求権を負債契約とよぶ。

これに対して、株式は会社の業績に応じて株主に支払われる配当金額が変化する。すなわち、業績が良くなれば配当金額が増加（増配という）したり、逆に業績が悪くなれば配当金額が減額あるいは得られなくなったり（それぞれ減配、無配という）する。このタイプの条件付請求権を株式契約とよぶ。

1.3 金融取引とリスク

金融にはリスクがつきものである。為替が同じ時点の取引であるのに対して、金融は現在と将来の異なる時点での取引であり、将来の受取金額を確定できない。しかし、金融取引には、リスクを他に転嫁したり、リスクをより

---

[1] 社債とは、会社が資金調達を目的として、投資家からの金銭の払込みと引替えに発行（起債）する債券である（⇒第6章2）。

多くとりに行くなど、リスクを再配分して管理する機能がある。

リスク負担の再配分　会社などが行う事業は、成功するとはかぎらず、常に失敗する危険がつきまとう。また、将来は不確定なため、予想外の出来事によって損失をこうむることもある。そこで、金融取引によって全体としてのリスクを減らすことができる。

　簡単な数値例で考えてみよう。A 社（輸入業者）は海外から商品を輸入する事業をしており、B 社（輸出業者）は日本の製品を海外に輸出しているとしよう。

　A 社が 1 万ドルの商品をアメリカから輸入するとき、1 ドル 100 円であれば 100 万円を支払う。ところが 1 ドル 95 円になる（ドル安円高）と 95 万円で 1 万ドルの商品を買うことができることになる。つまり、5 万円少ない金額で同じ商品を輸入できる。これはドルと円の為替相場の変動によって生じた利益であり、為替差益という。

　逆に、1 ドルが 105 円（ドル高円安）になったら、同じ 1 万ドルの商品を 105 万円で買わなければならず、5 万円多く支払うことになる。これはドルと円の為替レートの変動によって生じた負担増なので、為替差損という。輸出業者である B 社と、輸入業者である A 社は、為替変動にともなって為替差損益が逆になる。

　このように、為替相場の変動によって為替差損益が発生する可能性のあることを、為替リスクがあるという。各経済主体についてみると、為替に対しては A 社も B 社もリスクを負っている。これを個別的リスクという。

　それに対して、経済全体で集計したリスクを社会的リスクということができる。A 社と B 社の為替差損益を合計すれば、為替に対してはリスクを互いに打ち消し合う。このような場合に、ある種の条件付請求権を作り出せば、お互いにリスクを回避し、社会的リスクを低減できる。このような金融取引は、リスク配分機能をもっているといえる。

　なお、各種のリスクを回避するために行う金融取引をヘッジ（またはヘッ

ジ取引）という。為替ヘッジを行えば、為替相場がどちらに動こうとも、為替差損益を回避（ヘッジ）できることになる。

　実際、輸出入業者の大多数は為替ヘッジを行っている。為替リスク対策なくしては、企業は投資面においても雇用面においても積極的な行動がとれない。たとえば、為替変動によって円建ての売上高が減少すると、固定費用を負担する企業にとっては、将来の見通しが得られず、一貫した事業展開は難しくなる。

貯蓄超過主体から投資超過主体へ　あなた（もしくはあなたの家族の方々）は、貯蓄をしているであろう。一般に、家計は子どもの教育費や老後の蓄えなどのために貯蓄を行うが、それに対して投資はあまり行っていないことが多い[2]。家計は投資を上回る貯蓄を行っている経済主体であり、貯蓄超過主体という。

　それに対して、企業は生産の増大を図るために、工場を建設するなど投資を行う。投資の元手は、まずその企業の貯蓄（内部留保）である。しかし、一般に企業の投資は貯蓄だけではまかないきれず、銀行などから融資を受ける。融資とは企業にとってマイナスの貯蓄と考えられる。すなわち、企業は自らが行う貯蓄を上回る投資を行っている経済主体であり、投資超過主体とよばれる。

　そこで、金融取引には、家計などの貯蓄超過主体のもつ貯蓄を企業などの投資超過主体に回し、不足する資金をカバーするという大きな機能がある。具体的には、家計と企業の間に銀行が介在し、家計は余剰資金を銀行に預け、銀行はまとまった資金を企業に融資するのである。

1.4　相対型取引と市場型取引

　金融取引の方法は、相対型取引と市場型取引とに大別される。相対型取引

---

[2]　家計が行う投資としては、住宅投資が代表的なものである。

図表 5-1　直接金融と間接金融

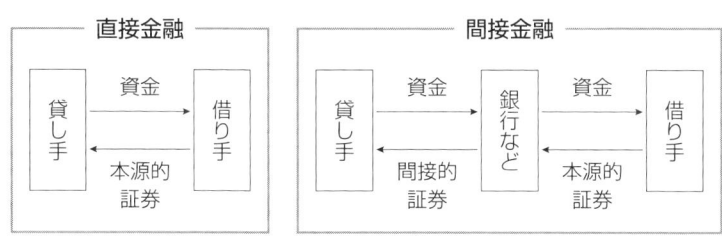

```
┌─ 直接金融 ─────────┐  ┌─────── 間接金融 ───────────┐
│  ┌───┐  資金  ┌───┐ │  │ ┌───┐ 資金 ┌────┐ 資金 ┌───┐ │
│  │貸 │ ────→ │借 │ │  │ │貸 │ ──→ │銀行│ ──→ │借 │ │
│  │し │       │り │ │  │ │し │     │など│     │り │ │
│  │手 │ ←──── │手 │ │  │ │手 │ ←── │    │ ←── │手 │ │
│  └───┘ 本源的 └───┘ │  │ └───┘間接的└────┘本源的└───┘ │
│         証券        │  │       証券        証券       │
└─────────────────────┘  └──────────────────────────────┘
```

出所：筆者作成。

とは、資金の借り手と貸し手が直接交渉して価格や取引量などの条件を決めて取引する方式をいう。銀行から資金を借りる場合がその典型例である。

　市場型取引とは、取引所などで事前に決まっているルールにのっとり、多数の人々が参加して取引を行うことをいう。株式や債券を証券取引所などで売買する場合が典型例である。この場合、相対型取引と異なり、誰が取引相手かはわからない。

2　直接金融と間接金融

　金融市場は、リスクの負担の仕方によって直接金融と間接金融に大別される（図表5-1）。

2.1　直接金融

　直接金融とは、借り手が発行する本源的証券を貸し手が購入することにより、借り手が貸し手から直接に資金の提供を受けることをいう。本源的証券には、国債・地方債・株式・社債・借入証書などがある。資金の借り手となる企業などが抱えるリスクは、本源的証券の取得を通して、直接に買い手へ移転することになる。

　資金調達先が企業であったとしよう。あなたがこの企業の株式を購入する

ことで資金を提供したときに、その企業の行う事業が成功を収めれば、資金提供者であるあなたは高い収益をあげることができる。

しかし、この企業が事業に失敗したときは、収益が低くなったり投資した金額を回収できなくなったりする可能性がある。いわゆる、ハイリスク・ハイリターン型であるといえる。

2.2 間接金融

貸し手と借り手の間に銀行・信託・保険会社などの金融機関（金融仲介機関・間接金融機関ともいう）が介在し、その金融機関がリスクを負担するケースを間接金融という。間接金融では、金融機関が借り手の発行する本源的証券を取得し、自らリスクを負担しながら資金を提供する。

一方で、家計などの貸し手は、金融機関の発行する間接的証券を取得する。間接的証券には、預金証書・金融債・信託証書・保険証書などがある。たとえば、あなたが銀行に預金をすれば、預金証書という間接的証券を取得する。銀行は多くの預金者から集めた資金に金利を上乗せして企業に資金を提供する。銀行は、企業の借用証書や社債や国債などの本源的証券を取得して資金を運用することになる。

銀行預金は本源的証券に比べて利子率が低い。その代わり、預金者にとって融資先の企業のリスクは銀行によって遮断されるため、企業の事業の成否を問わず、あらかじめ決められた利息を得ることができる。いわゆる、ローリスク・ローリターン型の金融商品である。

3 金融機関の種類

金融機関は、金融市場で活動する主要なプレーヤーである。金融機関の種類は、国によってあるいは時代によって異なる。現在では、金融機関は、以下のとおりの業態別に業法が定められている。

3.1 証券会社（金融商品取引業者）

　直接金融において、家計などが株式や債券を取得するための仲介をするのが証券会社である。自動車にたとえると、証券会社はメーカーに代わって人々に商品を販売する自動車ディーラーに相当する（⇒第 8 章 1.2）。したがって、証券会社自体は本源的証券を購入しないので、企業など借り手のリスクを負うことはない。

3.2 日本銀行

　日本銀行は日本銀行法に基づいて設立された日本の中央銀行である。その機能としては、次の 3 つがあげられる（⇒第 11 章 1.2）。

- **発券銀行**…日本の貨幣である銀行券の独占発行権をもっている。
- **銀行の銀行**…金融機関を取引相手として業務を行っている。
- **政府の銀行**…政府の出納業務を行っている。

3.3 普通銀行（都市銀行・地方銀行）

　銀行のなかにはさまざまな業態があるが、代表的なものが都市銀行と地方銀行である。

　都市銀行（「都銀」という）は大都市に本店を置き、全国的に支店網を展開し、個人はもとより上場会社や大企業を主な取引先としている。都銀は日本国内における総預金残高および総貸出残高の約 50% を占めている。

　地方銀行は、全国地方銀行協会加盟銀行（「地銀」という）と第二地方銀行協会加盟銀行（「第二地銀」という）からなる。地銀は都道府県の中核都市に本店を置き、主に地元の住民や地元企業を取引先としている。

　このほか、ネット銀行とよばれるインターネット上の活動に特化した銀行や海外の銀行が日本に開設した支店もある。

　普通銀行は、この章で学ぶ銀行の業務を行っている。

3.4 信託銀行

　信託業務を主な業務としている銀行が、信託銀行である。信託業務とは、顧客の財産を自己の名義として預かり、自己の財産と分別して管理し、さまざまな金融取引を行う。具体的には、金銭信託や、貸付信託などの定期性預金、また個人や法人から土地の信託を受けてビルを建設・管理して家賃などを配当する不動産信託、年金基金から資金の信託を受けて運用を行う年金信託などがある。

　金融市場において、普通銀行よりも返済期限が長い資金の提供を行うことが特徴としてあげられる。

3.5 中小企業金融機関

　日本には多数の中小企業が存在し、それらが日本経済を支えているといえる。しかし、中小企業は直接金融を利用することが難しく、また大手金融機関からの借り入れも容易でないことから、各種の中小企業金融機関が存在している。

信用金庫　　預金は誰からも受け入れるが、貸出しは原則として会員を対象としている。営業地域も比較的限定されており、地域との密着性が強い。

　全国の信用金庫の中央機関として、信金中央金庫がある。各信用金庫の余剰資金を集中して運用し、また資金需要の多い信用金庫に貸し付けたり、反対に業績が悪化した信用金庫への援助を行ったりするなど、信用金庫の経営支援を行っている。

信用組合　　信用金庫よりも協同組合という性格が強く、預金・貸出しともに原則として組合員を対象とする。信用金庫よりも一段と規模が小さく営業地域も狭いため、地域との密着性がさらに強い。

　全国組織として全国信用協同組合連合会（全信組連）がある。

労働金庫　労働組合などを会員とする協同組合の金融機関。会員を対象とする預金業務と貸付業務を行っている。中央機関として労働金庫連合会がある。

3.6 農業系統金融機関

　系統金融機関とよばれるものには、農業系統、漁業系統と森林系統の3つの系統がある。このうち、漁業系は規模が小さく、森林系は貸出しのみで貯金の受入れを行っていない。中心となるのは、全国にある農業協同組合（JA バンク）と、中央機関である農林中央金庫（農中）である。

　農協は、農業に関する資材の購入や農産物の販売、共済事業など多様な活動を行っている。農協は組合員から貯金を受け入れる一方、組合員に必要な資金の貸付けを行っているが、貯金受入額が貸出額を上回るのが通常である。

　このため、各農協は余剰資金を所在都道府県の信用農業協同組合連合会（信農連）に預け入れる。各信農連は預かった資金を自身でも運用するものの、多くは農中へ預け入れるかたちで運用する。農中は系統から集められた資金を貸出しや有価証券投資で運用しており、民間最大の機関投資家となっている。

3.7 保険会社

　日本では、保険会社は生命保険会社（生保）と損害保険会社（損保）に分かれる。保険会社を経営するには、内閣総理大臣の免許が必要である。また、生保と損保はリスクの質が異なることから、1 つの会社が両者を兼営できない。

　偶然に発生する事故（保険事故）によって生じる財産上の損失を保障することを目的とする保険が、損害保険である。損失に備えて多数の者が保険料を出し合って資金をプールしておき、保険事故が発生したときには生じた損害を埋め合わせるため、保険金を給付する制度である。保険の対象とされる保険事故には、交通事故・海難事故・火災・地震・死亡などさまざまな事象

があり、市民生活の安定を崩す事件・事故・災害などの危険に対処する。

人々の生命や傷病にかかわる損失を保障することを目的とする保険が、生命保険である。損保と同様に多数の者が保険料を出し合った資金をプールしておき、契約にもとづいて、死亡や入院などの所定の条件において生命保険会社が受取人に保険金を支払うことを約束する。

保険会社も、集めた資金の運用のために融資や投資を行っており、金融法人である。とくに日本の生保は、海外でも the Seiho の名称で通用する世界有数の機関投資家である。

4 間接金融機関

銀行に代表される間接金融機関は、金融市場において大きな役割を担っている。アメリカでは直接金融が優位といわれているが、日本では間接金融による企業の資金調達割合が大きい（⇒第12章2）。

間接金融機関の機能について、さらに詳しくみてみよう。具体的には、資産変換機能、取引費用の節約、流動性の創出、情報の生産機能の4つがあげられる。以下、これらの役割についてみていく。

4.1 資産変換機能

資産変換機能とは、本源的証券を間接的証券に転換する機能をいう。間接的証券は、新たに作成された独自の支払いパターンをもつ条件付請求権である。すなわち、資産変換機能とは、本源的証券から異なる支払いパターンをもつ条件付請求権を新たに作り出す機能である。

融資する資金は、銀行を通して預金者や株主から多数の借り手へ流れる。このとき、借り手に対する金融取引は「貸出し」に関するデフォルト・リスクを抱えた条件付請求権である。

一方、貸し手である預金者に対しては、デフォルト・リスクのない条件付請求権の金融取引を提供している。すなわち、預金者は貸出しにともなうリ

スクから解放されることになる。これは、資金の最終的な貸し手が負担すべき貸出リスクを銀行が負担することによって、借り手のデフォルト・リスクがなくなるという、新しい条件付請求権を銀行が預金者に提供していることを意味する。

それでは、銀行が負担した貸出リスクは、どこへいくのか。それは、銀行に出資（銀行の発行する株式を購入）している株主が負担することになる。株主は、このリスクを負担することによって、そのリスクに見合う超過収益を期待することになる。すなわち、銀行は株主に対しても、貸出しよりもリスクが高い、新しい条件付請求権を提供していることになる。

4.2　取引費用の節約

次に、取引費用の節約があげられる。経済学でいう取引費用とは広範囲な概念で、取引を効率的に実現するために必要とされる諸費用（手間や時間を含む）を意味する。

とくに金融取引に関する取引費用は、取引金額（ロット）よりも取引回数（ショット）に比例する傾向があるので、小口の金融取引はコストがかさむことになる[3]。そこで、金融機関が専門的な知識と能力を駆使し、多くの経済主体から資金を集めて大口資金として運用すれば、取引費用の節約が期待できる。

4.3　流動性の創出

資金の貸し手と借り手では、流動性（換金の容易さ）に対する選好（好み）が異なる。

貸し手の貯蓄目的は、結婚資金や老後のためなどの計画的な支出に備えるものもあるし、事故や急な病気に対する備えもあろう。そのため、資金の貸し手は、いつでも解約して現金を引き出せることを望んでいる。

---

3)　たとえば、株式や債券の売買手数料率は、取引金額（ロット）が大きくなるほど小さくなっていく（つまり、割安になっていく）。

それに対して資金の借り手は、事前に立てた事業計画にのっとって資金回収が見込まれる時期を設定し、それに合わせた資金返済を計画する。突然、解約を申し出られても、それを認めるのは難しい。

この流動性への選好の違いがあるために、直接、貸し手と借り手が資金融資の契約をすることは難しい。そこで間接金融機関が貸し手と借り手の間に入るのである。

金融機関は、借り手に対しては彼らが望む資金調達方法、すなわち満期までの期間が長期で流動性の低い条件で資金を融資する。一方、貸し手に対しては、いつでも換金できる流動性の高い金融商品を提供する。この流動性に対する選好の違いを補完することが、流動性の創出である。

4.4 情報の生産機能

金融取引における資金の貸し手と借り手のように、取引の当事者間でもつ情報に格差があることを、情報の非対称性という。

資金の借り手である企業の経営者は、資金の貸し手に比べると、自身の企業については経営状態や事業のリスクに対する情報を豊富にもっている。しかし、貸し手はほとんど相手のことを知らない。もし、知ろうとすれば、多くのコストをかけて調べなくてはならない

情報の非対称性が存在する場合、情報優位者は情報劣位者の立場につけ込み、都合の悪い情報を隠して融資を受けようというインセンティブ[4]が働く。

一方、それを予想した情報劣位者は、その財やサービスに対して本来の価値より過度に悲観的な予想を抱くことになる。このため、もし情報の非対称性がなければ融資が行われていたはずの優良な案件の取引が行われなくなる可能性がある。この結果、貸出市場で融資されるものは、悲観的な予想に見

---

[4] 誘因すなわち人や組織に行動を促す動機づけのことをインセンティブという。現代ならば、発明に成功したら金持ちになれるということが、発明へのインセンティブの1つとなる。

合った粗悪な事業やプロジェクトばかりとなる。

　通常は、良い案件が選ばれる。これを選択（または淘汰）という。これに対して、悪い案件が生き残ることを逆選択（または逆淘汰）という。

　融資の前には、資金の貸し手は借り手の事業やプロジェクトについて審査しなければならない。審査が適切に行われなければ、貸出市場は逆選択の場となり、いわゆるレモンの市場[5]に陥ってしまう。審査は、金融取引を行う前提であるといえる。

　また、いったん融資した後でも、契約どおりの事業が推進されているか、当初の予定よりもリスクの高い事業を行っていないかをモニター[6]する必要もある。

　しかし、このような審査やモニターには、専門的な知識とコストがかかる。これらを資金の貸し手が個々人で行うことは事実上不可能である。そこで専門家をかかえる銀行が、審査やモニターを行うことになる。このように、金融機関は円滑な金融取引を実現するために必要な情報を効率的に生産している。これを情報の生産機能とよぶ。

---

[5]　レモンとは、もともとアメリカの俗語で質の悪い中古車（欠陥車）を意味している。同じくアメリカの俗語で質の良い中古車をピーチ（桃）とよぶ。ここから、中古車のように外見からだけでは真の品質を知ることができない財のみが取引されている市場を、レモンの市場とよぶ。

[6]　融資するに値するかどうかを事前に検討することを審査というのに対して、融資後に、融資先が計画どおりの事業を行っているか、設備投資を理由に借りた資金が不動産投資などに流用されていないか監視することをモニターという。

第6章

金融商品

　金融商品は、株式契約と負債契約に大別される。この節では、直接金融における金融商品のなかで主なものである有価証券についてみていこう。有価証券のうち、株式契約を株券、負債契約を債券という。

1　株券（株式）

　株式会社は、多くの株主からの資金提供（出資という）によって成り立っており、株式会社は株主のものと考えることができる。もちろん、株式会社には多くの株主が存在する。株主は、その株式会社が発行する総株数のうち、自分がもつ株式数の割合に相当する所有権をもっている[1]。

　なお、株主の権利を株式といい、株式会社の株主である地位を表章する有価証券のことを株券という。株式には、次の3つの特徴（側面）がある。

- **支配証券**…株主がもつ株主総会の議決権などをみると、株式は議決権を行使して会社の経営に参画するものであるから、支配証券としての面がある。

---

1)　たとえば、総株数が100株の株式会社で10株の株主は、その株式会社の10%の所有権をもつ。よって、株式会社の最高意思決定機関である株主総会において、当該株主は1人で10%の議決権をもつ。また、配当総額の10%を得る権利（利益配当請求権）がある。

- **利潤証券**…株主がもつ利益配当請求権などをみると、株式は配当という利潤を生む証券であるから、利潤証券の面がある。
- **物的証券**…株主は、株式会社の持ち株数に応じた所有権をもつ。よって株式は会社の資産を分割したものなので、物的証券の面がある。

2 債　券

　社会的に一定の信用力のある発行体が資金を借りる際に発行する有価証券を、債券という。主な発行体には国、地方公共団体、政府関係機関、特殊金融機関、企業（事業会社・金融機関）などがある。株式と違うのは、借り手の業績などにかかわりなく、あらかじめ決められた利息が、貸し手（債券の所有者）に支払われることである。

　要するに、債券とは資金を借りる際の一種の借入証書である。債券が単なる借入証書と異なる点は、投資家が満期償還前に売却することで換金化できたり、すでに発行されている債券を購入できたりするところにある。

　債券の分類方法には、債券の形態で利付債と割引債とに分ける方法と、発行体によって分ける方法、および満期償還までの期間で分ける方法がある。

2.1　利付債と割引債

　所有者に対して毎年決まった時期に利息が支払われ、償還期日（満期時）に額面金額[2]で償還される形式の債券を、利付債という。利付債の債券本体にはクーポン（利札）が付随しており（利付債の利とは利札のことである）、利息の支払い額と支払い年月日が記載されている。利息はクーポンと引き換えに支払われる。日本では通常、利息は半年ごとに支払われる。

　割引債は、発行時には額面金額よりも低い価額で発行され、償還期日には額面金額で償還される。ただしこの間、利息は支払われない。額面金額と発

---

2)　額面金額とは、その債券の基本単位であり、償還されるときの金額である。すなわち額面100万円の債券を所有していると、満期償還時に100万円を受け取れる。

行時の価格の差額（償還差益）が利息の代わりとなる。利付債にはあるクーポンが割引債にはないことから、ゼロクーポン債ともよばれる。

2.2 発行体による分類

発行体による分類は、公債と社債に分けられる。

公債には、国が発行する国債、都道府県市町村区など地方公共団体が発行する地方債（○○県が発行すれば○○県債、××市が発行すれば××市債という）、政府関係機関が発行する特別債がある。

とくに、国債は徴税権のある政府による発行であることから信用力が高く、大量発行され流動性も高い。10年国債が債券市場を代表する指標となっている。日本における長期金利とは、10年国債の金利（利回り）が使われる。また、銀行や機関投資家が主に売買する債券も10年国債である。

さらに、短期金融市場においては、国庫短期証券[3]が多く売買されている。これは、日本政府が発行する期間1年未満の国債である。一時的に生じる国庫の資金不足を補うために発行するもので、償還までの期間は2か月、3か月、6か月、1年の4種類で、割引債形式で発行される。

社債は、金融機関が特別の法律により発行する金融債と、金融機関以外の株式会社（事業会社という）が発行する事業債に分けられる。

公債と社債を一緒にして、債券のことを公社債とよぶこともある。

---

[3] 1999年に、前身である大蔵省証券（財政の補填のための資金調達が目的）・外国為替資金証券（外国為替への介入資金の調達が目的）・食糧証券（旧食管制度における米の買い付け資金の調達が目的）の3つが統合して政府短期証券（Financing Bills: FB）となった。

2009年2月からは、政府短期証券と割引短期国庫債券（Treasury Bills: TB：満期となった国債の償還を円滑に行うために国債整理基金特別会計が発行する借換債の一種）の市場流通における名称を統合し、国庫短期証券となった。ただし、TBとFBの財政制度上の位置づけなどは変更されていない。

2.3 外債（外国債）

債券のうち、狭義には、外国または外国法人の発行するものを外債（または外国債）という。広義には、外国通貨建てで発行されたもの（外貨建債券）や発行体が日本の法人であっても、外国の市場において発行・取引されたものも含まれる。さらに、日本以外の国を基準として同様のものを指すこともある。

円建外債とは、日本以外の国および日本に本拠地をもたない国際機関・外国法人などが、日本市場において日本円による額面表記をもって発行する債券のことである。円貨建外債あるいはサムライ債ともよばれる。発行者は外国の政府、政府機関、中央銀行、自治体、企業、国際機関などである。発行から利払い償還まで、すべてが日本円で行われる。

外貨建外債とは、日本以外の国および日本に本拠地をもたない国際機関・外国法人などが、日本市場において外国通貨による額面表記をもって発行する債券のことであり、ショーグン債ともよばれる。発行者は外国の政府、政府機関、中央銀行、自治体、企業、国際機関などである。発行から利払い償還まで、すべてが外貨で行われる。

ユーロ円債とは、ユーロ市場[4]において日本円による額面表記をもって発行する債券のことである。発行者は日本および外国籍の企業や金融機関などである。発行から利払い償還まで、すべてが日本円で行われる。

2.4 償還までの期間による分類

実務上、償還までの期間にちなんだ呼称も使われる。たとえば償還まで2年の債券は、2年債とよぶ。

---

[4] 一般に通貨の発行国外における、その通貨の取引市場をユーロ市場とよぶ。これらの市場で取引される円をユーロ円、ドルをユーロドルなどとよぶ。なお、ユーロという言葉が使われているが、通貨のユーロと直接の関係はない。この名前はもともとユーロ市場がヨーロッパ（国際金融の中心地であるロンドンや、外貨預金で有名な銀行があるスイス）で始まったために、ユーロという名がついた。

また、償還までの期間区分によって、次のようにも分類している。

- **短期債**…1年未満で償還されるもの。
- **中期債**…1年以上5年程度で償還されるもの。
- **長期債**…償還期間が5年から10年程度のもの。
- **超長期債**…償還期間が10年から30年程度のもの。

なお、発行当初は10年債であっても、1年経てば償還まで9年であることから9年債となり、9年経てば短期債（1年債）となる。

2.5 債券に類似した金融商品

法律上は債券ではないが、金融の自由化によって、実質的に債券と等しい金融商品が多く開発されてきた。代表的なものに、CPとCDがある。

- **CP（Commercial Paper：コマーシャル・ペーパー）**…信用力を有する大企業が短期資金を調達するために発行する、無担保の割引形式の約束手形をCPという。約束手形を社債の代用として発行し、短期資金を調達するのがCPである。事業会社にとっては社債とともに短期の資金調達の主要な手段となっている。

    1988年に格付制度が導入され、発行が容易になった。銀行や証券会社を通じて機関投資家に販売されているだけでなく、現先取引の対象として多く使われている（⇒第7章3.1）。

- **CD（Certificato of Deposit：譲渡性預金）**…CDは、銀行の定期預金の1つである。銀行が無記名の預金証書を発行し、預金者がこれを金融市場で自由に譲渡（ここでは売ること）できる。したがって、他人への譲渡によっていつでも換金が可能な特別なタイプの定期預金証書であるといえる。

3 債券と金利

債券にも価格があり、株価と同じように債券価格（単価[5]という）も上がったり下がったりする。株価の価格変動の原因は多岐にわたるが、債券の価格変動の原因は、主に金利による。すなわち、金利が上昇すると債券は売られ価格は下がり、金利が下落すると債券は買われ価格は上がる。つまり、債券の価格と金利はトレード・オフ（反対に動く）の関係にある。

3.1 金利と債券価格

そのプロセスを図表6-1の簡単な数値例を使って説明しよう。

まず、昨年の金利は3％で今年の金利は2％と、この1年間で金利が1％下がったケースについて考える。事前に予想すると、金利が下がったので債券価格は上昇するはずである。

また、説明を簡単にするため、昨年に発行された利付債であるA債の利率は当時の金利で3％、今年に発行されるB債の利率は現在の金利である

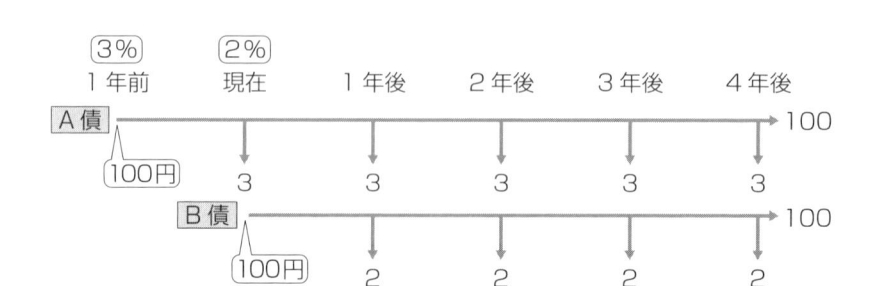

図表6-1　債券の価格と金利

```
  3%     2%
 1年前   現在    1年後   2年後   3年後   4年後
 A債 ─────────────────────────────────→ 100
 100円   ↓      ↓      ↓      ↓      ↓
         3      3      3      3      3
         B債 ──────────────────────────→ 100
         100円   ↓      ↓      ↓      ↓
                 2      2      2      2
```

---

[5] 債券の単価は、額面金額の％表示で表される。ただし、％で表示すると金利と間違えやすいので、慣習により「％」ではなく「円」と表示する。たとえば、単価99円なら、額面金額の99％の金額で売買されることを意味する。額面が100万円で単価が99円ならば99万円で、額面が1,000万円で単価が102円ならば1,020万円で売買される。

2％とし、発行価額は100円、満期も4年後で同じとする。

現在、100万円前後の資金がありその運用を考えているとする。銀行や証券会社に行くと、A債とB債の両方を買える。このとき、どちらを買うべきだろうか。

もし、購入代金が同じであるならばA債を買う。なぜならば、A債は毎年（額面金額に対して）3％の利子を受け取れるのに対して、B債を買うと年2％の利子しか受け取れないからである。この債券からの利子を（額面金額に対する）利率という。

すなわち、A債とB債の単価が同じならば、すべての投資家がA債を買うことになる。すると、市場の需要と供給のバランスが崩れて（昨年に発行済なので供給が変わらないのに需要が増え）A債の価格が上昇する。

昨年から1％金利が下落したら、A債の価格は100円から上昇することになる。金利が上昇した場合は、この反対に昨年発行された債券が売られるので価格は下落する。

では、仮にA債が買われ104円になったとしよう。このケースでは、単価104円で年利率3％のA債と、単価100円で年利率2％のB債のどちらを買うことになるだろうか。なお、A債を買った場合、年利率は高いが、購入時に104円を支払い償還時に100円を受け取るので、4円の償還差損[6]が出ることになる。

3.2　債券の利回り

債券の金利（収益率）を、広義の利回りという。また、広義の利回りには、直利と狭義の利回りがある。

[6) 債券は通常、満期償還（返済）時に額面金額100円で償還される。よって購入時の単価との差が生じることになる。たとえば額面100万円を104円で購入したとすると104万円を支払っているから、償還時に受け取った100万円との差額である4万円の損が出る。額面金額と購入金額との差額を、損のときは償還差損といい、利益のときは償還差益という。

直利　　収益率は、利益金額を投資元本金額（購入代金）で割ることによって求められる。したがって最も簡単な収益率は、年利率を単価（債券価格）で割っても求められる。この収益率を直利という。

$$直利 = \frac{年利率}{単価}(\times 100)$$

直利だけみるとA債は2.88％（＝3÷104）で、B債は2.00％（＝2÷100）となり、A債のほうが有利にみえる。

しかし直利は償還差損を考慮していない。そこで、直利を求める式の分子に、年あたりの償還差損益を反映させる。それが狭義の利回りである。

利回り（狭義）　　債券の利回りでは、利率と差損益の両方が考慮されており、通常、債券の金利といえば、この（狭義の）利回りを指す。

$$\frac{年利率 + 年あたりの償還差損益}{単価}(\times 100)$$

$$A債の利回り = \frac{3 + \dfrac{100-104}{4年}}{104}(\times 100) = 1.923\%$$

$$B債の利回り = \frac{2 + \dfrac{100-100}{4年}}{100}(\times 100) = 2.000\%$$

よって、A債が104円、B債が100円で取引されていた場合、B債を買ったほうが有利であることがわかる。

債券価格の決定　　では、A債の適正な単価はいくらになるだろうか。これは利回りの式を逆算して求められる。現在の4年物の金利が2％であるならば、A債の利回りも2％になるはずである。すなわち、A債の利回りの式の解答が2％になるような単価が、適正価格となる。

この数値例では、A債の価格は（仮の価格である）104円よりも高くなるだろうか、安くなるだろうか。今、A債の利回りが1.92％であり、これが

2.00％になるということは、分数式の答えが上がることになる。そのためには分母である単価が下がる必要がある。よって、逆算しなくともAの適正価格は104円よりも少しだけ低い値であることが推測できる。

ところで、A債の価格を仮に104円としたが、それはどのように算出されたのだろうか。

B債は購入価格100円で、4年間の保有により8円の利子を得られる。これに対し、前年発行されたA債は利率3％であるため、残り4年間で12円の利息を得られる。このため、B債と比較して額面金額100円に4円（＝12円－8円）を上乗せしてでも購入する価値があることになる。そこから104円と概算値を出したのであった。ただし、A債の単価が100円よりも高くなったため、104円ではA債の利回りは2％よりも低くなったのである。

このように、金利が下がると新たに発行される低い利率の債券（B債）より、過去の高い金利で発行された債券（A債）の利子収入が大きくなる。そこで人々は（その差額相当額を上限として）より高い金額を払ってでもA債を購入するため、A債の価格が利回りの式から逆算される適正単価まで上昇していくのである。

4　転換社債

債券と株式の両方の特徴をもつ証券を、転換社債（転換社債型新株予約権付社債）という。転換社債は、社債をあらかじめ決められている転換価額（行使価格）で株式に転換することができる社債である。すなわち、株式への転換をしなければ、通常の社債を保有するのと同じく、決まった利息を受け取り、満期償還時には額面金額が返済される。

しかし、株式への転換が行える。たとえば、転換価格250円の額面100万円の転換社債を買うと、株価がいくらになろうとも、償還までの間いつでも発行会社の株価を250円で買うことができる。その際、新規の資金は不要であり、社債の額面金額100万円で、100万円分の株券を買うことになる。得

られる株数は4,000株（＝100万円÷250円）となる。このように、額面100万円の社債を4,000株の株券に「転換」することができるため、転換社債の名がつけられた。

投資家からみれば、転換価額よりも株価が上昇すれば、株式に転換して売却することで利益を得ることができる。たとえば、上記の例の場合に、株価が300円になれば当初100万円で買った転換社債を120万円（300円×4,000株）で売却できることになる[7]。

一方、転換価額より株価が低いままなら、株券に転換せずに満期日まで待つ（満期償還）ことで社債としての利息を受け取り続けることができる。

発行会社からすると、転換社債は普通の社債と違い、投資家が利子以外で利益を得る手段をもつため、普通の社債より金利を低めに設定して資金を調達することができる。さらに、株価が上がり転換が進めば、社債が消滅するため借入金の返済をしなくて済むことになる。借入金は株式へ転換されるため、返済義務のない自己資金である資本金などへと変化することになる。

5　投資信託

金融取引にともなうリスクをコントロールするには、分散投資が重要である。しかし、株式を1単位買うのにも100万円前後の資金が必要となれば、小口投資家にとって分散投資は難しい面がある。また、実際に投資を行う場合にも、経済知識や専門知識が必要とされる。そこで、多数の人から資金を集めて巨額の資金とすれば、多くの金融商品などに分散投資することが可能となる。これを実現したのが投資信託である。

すなわち、投資信託とは、多数の投資家により販売会社を通じて出資・拠出され（集められ）た資金を1つの基金（ファンド）として、資産運用の専門家（ファンドマネジャー）が、株式や債券、金融派生商品などの金融商品

---

[7]　なお、転換社債自体が証券取引所に上場されており、株式に転換せずとも、多くの場合は株と同じように取引所で売買できる。

や不動産などに投資するよう指図して、信託銀行などが実際の管理や運用を行い、運用成果を投資家に分配する金融商品をいう。つまり、運用による利益（場合によっては損失）は投資家のものとなる。

第7章
短期金融市場

　日本銀行の定義によると、「短期金融市場とは広範な市場参加者をもち、取引期間が1年未満で金利が自由に変動する市場型取引の資金取引の場」であり、マネーマーケットともよばれている。

　短期金融市場は、銀行・信託・証券・保険などの金融機関のみが参加できるインターバンク市場と、事業法人や地方公共団体などの非金融機関も参加できるオープン市場に分かれる。またインターバンク市場は、コール市場と手形市場が主要なものである。

1　コール市場

　コール市場は、金融機関の日常の支払準備を調整する市場で、最も古い歴史をもつマネーマーケットである。ある日、たとえばA銀行では全店合計で入金が7億円、出金が9億円あったとしよう。当然だが、日によって受け払いの現金の額は異なる。この日、A銀行は2億円の資金が足りなくなるため、資金を調達する必要がある。

　日々の不足資金を調達する方法は何通りもあるが、そのなかで最も使われるのは、金融機関同士が資金を融通し合うコール市場である。資金を借りたい金融機関が他の金融機関1つ1つに頼んで回るのは手間がかかるので、各金融機関は短資会社を仲介として、お互いに資金を融通し合うのである。な

お、コールとは「呼べばすぐ返ってくるほど、短期の資金の貸し借り」であることに由来している。

また、コール市場において、最大の資金の取り手は都市銀行であり、資金の出し手は信託銀行である。

コール市場には、市場に参加する際に担保を入れる有担保コールと、担保なしで参加できる無担保コールがある。従来は、有担保のみで最低金利などのさまざまな規制があった。しかし、金融自由化のなかで、段階的にコール市場も自由化が進められ、1985年に無担保コールの取引が開始された。現在では、無担保ベースと有担保ベースの2つを金融機関は選択できる。また、貸借期間も当日返却から1年まで自由に設定できる。

取引の種類は、①当日中に返済される半日物、②原則として取引の翌日に返済される翌日物、③2日以上の確定期間を据え置く期日物の3種類がある。

2　手形市場

2.1　手形取引

手形市場について学ぶ前に、まず手形取引の仕組みを理解しておこう。ある小売店（A社）は、メーカー（B社）の製品を仕入れて販売している。製品は毎日のように納入されるが、代金は現金取引のように納入の度に毎回支払われることは少ない。たとえば月末締切として1か月間に納品した金額を集計し、その代金は翌月の月末に支払うというような信用取引が行われる。

ところが、代金の支払いが翌月末ではなく、たとえば3か月後となることもある。この場合、あらかじめA社は約束手形[1]を振り出してB社に渡すことも多い。

そして、手形の満期（代金の支払い期限）にA社からB社に支払いが行わ

---

[1]　約束手形とは、その振出人（発行者）が、受取人またはその指図人に対して、一定の期日に一定の金額を支払うことを約束する形式の有価証券のことである。手形は、2〜3か月程度の期間の貸し借りを担う手段として広く利用されている。

れ（多くの場合、A 社の銀行口座から支払金額が引き落とされ、B 社の銀行口座に振り込まれる）、B 社から A 社に手形が回収されて、一連の取引が完了する。

さて、ここで手形の満期が来る前に、B 社に現金が必要になったとしよう。このとき B 社は、A 社が振り出した約束手形を銀行に持ち込み、その手形を買ってもらうことができる（通常は預金口座に代金が振り込まれる）[2]。ただし、手形は満期前なので、手形の額面金額から満期日までの金利分を割り引いた額が支払われる。このように、銀行に手形を買ってもらう取引を手形割引という。

そして、この手形の満期には、A 社から X 銀行に代金が支払われることによって、この手形は決済されることになる。

2.2 手形市場

手形市場は、1971 年にコール市場から長めの資金取引を分離して設立された。1 週間から 1 年物までの数種類があるが、3 か月以内が多い。通常、銀行は資金が必要になると、手形割引によって取得していた優良な企業が振り出した手形（原手形という）を担保として新たに手形を振り出し、それを手形市場で売却することで資金を調達する。また、他の金融機関もこの手形を売買することで資金を調節している。

コール取引と手形取引では、手続きは異なるものの、資金調達における機能に着目すると、大きな違いは取組みから決済までの期間だけだといえる。短資会社の仲介によって手形が売買されており、最終保有者は満期が到来すると X 銀行と決済し、X 銀行が A 社と決済して完了する。

---

[2] 手形を満期前に換金化する手形割引のほかに、手形を売買に使う方法がある。受け取った手形で、現金の代わりに相手に渡すことができる制度で、手形の裏書譲渡という。手形の裏面に必要事項（署名、捺印など）を書くことを手形の裏書きといい、この手形を現金の支払いの代わりに渡す。裏書譲渡によって、手形は次々と流通していくことになる。そして手形の満期日に、最終的な保有者に対して、手形の振出人から手形の代金が支払われ決済される。

2.3 基準金利（旧公定歩合）

　そのほか、X銀行は「銀行の銀行」である日本銀行（日銀）に手形を買い取ってもらうこともできる。このときも満期までの金利分の金額が手形の額面から割り引かれるが、この日銀による割引率（割引歩合）を基準金利という。

　手形割引は手形を担保とした融資と同じであり、日銀の一般商業銀行への融資金利が、短期金利の基準金利になるといえる。なお、かつて基準金利は公定歩合とよばれ、重要な金融政策の手段であった（⇒第11章2.4）。

3　オープン市場

　金融機関以外の法人も参加して、資金の運用・調達を行える短期金融市場がオープン市場である。日本では、1965年頃に行われた債券現先取引が発端である。

　現先取引とは、債券などの有価証券を一定期間後に一定の価格で買い戻す（売り戻す）ことをあらかじめ約束して売却する（買い付ける）取引のことをいう。

　当時は日銀の公定歩合を基準とする規制金利時代であった。しかし現先取引は、取引価格を決める際に自由に金利を決められる。すなわち戦後の日本において、初の自由金利商品[3]であった。

　現在でも現先取引の方式によって取引されている。期間は数日から1年だが、10日から1か月程度のものが多い。

　なお、現先取引には自己現先と委託現先がある。

---

[3]　自由金利商品とは、あくまでも公定歩合に拘束されないという意味の自由である。すなわち、市場での債券など売買によって決まる金利をいう（⇒第6章3.1）。ただし、実勢からかけ離れた金利を付すと、税法上、所得として課税対象となる。

3.1 自己現先

　企業は毎日支払いを行うことは少ない。数日まとめて 20 日支払いや月末支払いというように、取引相手とあらかじめ決めた期日に支払いを行うことが多い。

　たとえば、20 日に資金を受け取り月末に支払う A 社があったとしよう。その間、無利子の当座預金や低利子の普通預金に預けていても、利息がつかなかったり少なかったりする。

　そこで A 社は現先取引を行う。証券会社などの B 社との間に 20 日に債券を購入する契約と、月末にその債券を売る（転売）契約（転売価格も買うときに決めて契約する）を同時に取り交わす。すると、10 日間ほど債券を保有することになるので、その間の利子[4]を得ることができる。

　次に、B 社（証券会社）をみてみよう。債券などを保有している B 社が、月末に資金を受け取る約束になっていて、20 日に支払いをしなければならないとしよう。このとき、10 日間資金が不足することになる。このような場合に、20 日に保有している債券を A 社にいったん売却して資金にして支払い、月末に入ってくる資金でその債券を A 社から買い戻せば、10 日間という短期の資金調達を行うとともに、その債券を保有しているという元の状態に戻せる。

　一般に、債券投資はたとえ 10 日間程度の短期であっても、その時々の金利によって変動するため価格変動リスクをともなう。しかし、現先取引ならば、投資を行うときに一定期間後の売却価格を決定するので、相場の変動とは無関係に運用期間の利回りを確定することができる。

　B 社のように、自分があらかじめ保有している債券などを使って現先取引を行う場合を自己現先という。

---

[4]　たとえば、現先取引が開始された 1960 年代の短期金利である年 5 ％ で資金 1 億円の現先取引を行うとする。このとき契約日数が 10 日間ならば、13 万円を超える利息が得られる。なお、当時の大卒初任給は 15,000 円程度であった。

図表 7-1　自己現先と委託現先

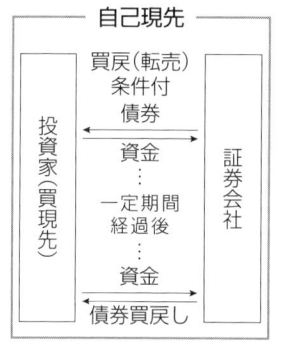

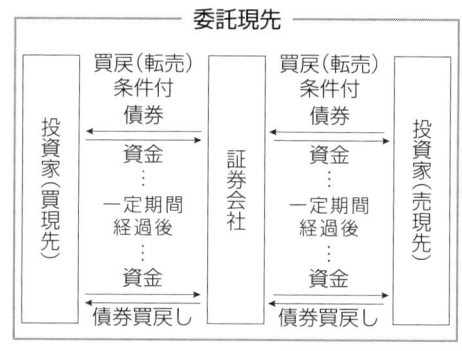

自己現先
投資家（買現先） ⇄ 証券会社
- 買戻（転売）条件付債券 →
- ← 資金
- ⋮
- 一定期間経過後
- ⋮
- 資金 →
- ← 債券買戻し

委託現先
投資家（買現先） ⇄ 証券会社 ⇄ 投資家（売現先）
- 買戻（転売）条件付債券（両側）
- 資金
- ⋮
- 一定期間経過後
- ⋮
- 資金
- 債券買戻し

出所：日本証券業協会編『証券外務員必携』より筆者修正。

3.2　委託現先

　現先取引は証券会社のヒット商品となり、事業法人や地方公共団体などの法人投資家から、証券会社に現先取引の注文が来るようになった。しかし自己現先は、証券会社に債券の在庫がないとできない。

　そこで債券の在庫がないときに、証券会社が短資会社を仲介として信託銀行や保険会社から債券などを購入し、それを対象物として法人投資家との間で現先取引を行うことを委託現先という。

3.3　現先の運用対象

　現先取引の運用対象となる金融商品は、債券のほかに CD・CP が含まれる。また、外債でも現先取引を行うことができる。ただし、株式への転換ができる転換社債は対象とならない（⇒第 6 章 4）。

　通常、1,000 万円以上かつ 1,000 万円単位であり、現先取引が行えるのは上場会社やそれに準ずる法人に限られる。個人投資家は現先取引を行うことができない。

第8章

資本市場と証券会社の業務

　金融市場は、第7章で学んだ返済までの期間が1年未満の「短期金融市場」と、返済までの期間が1年以上の「長期金融市場」とに分かれる。長期金融市場は、企業の長期の資本を提供することから、資本市場ともよばれる。

1　資本市場（長期金融市場）

　返済期間が長い、もしくは返済期限がない長期資金を、企業に提供する金融市場が資本市場（長期金融市場）である。企業の資金需要のうち、たとえば仕入れのための資金は、数日後や数か月後には売上代金として資金を回収することも見込めるので、比較的短い期間で返済することが想定されている。
　一方、工場などを建設したりする設備投資[1]のためには長期の資金が必要になる。工場などは売却する予定はないので、長期資金にはできれば返済期限の定めのない資本金などをあてることがふさわしい。また、仮に設備投資のための資金を借入金で調達する場合であっても、数年分の売上代金など

---

1) 設備投資とは、企業が行う工場や事務所などの建物建設、機械・器具の購入、ソフトウェア開発などに資金を投入することをいう。なお、経済学では、企業のもつ設備などを資本もしくは資本ストックという。長期金融市場を資本市場というのは、このためである。
　なお、会計学や法律において資本とは、株式会社の営業のために、株主が出資した基金の全部または重要部分を示す金額のことをいう。

から返済資金を捻出することによって対応するため、返済期限が長期間である資金が望まれる。

　長期金融市場は、発行する有価証券の形態により公社債市場（債券市場）と株式市場に分かれる[2]。すなわち、企業が資本金などの返済義務のない自己資本を調達するのが株式市場であり、返済期限の長い借入金を調達するのが公社債市場である。

　また、株式市場と公社債市場は、それぞれ流通市場と発行市場に分かれる。

1.1　流通市場

　資本市場における流通市場とは、投資家が保有している有価証券を売買する（流通させる）場である。債券の償還までの期間が長いため、投資家はしばしばそれ以前に資金が必要になることがある。また、株式には償還がないので、売却しなければ換金できない。そこで、流通市場によって投資家に流動性、すなわち換金や新たな購入の場を提供している。

　なお、流通市場と発行市場は、密接な関係にある。流通市場で有価証券を売却して換金できるからこそ、投資家は発行市場で安心して証券を取得できる。また、発行市場における有価証券の発行価額は、流通市場での時価が基準になって決まる。ある企業の株価が（流通市場で）高ければ、それを反映して資金調達のときには有利になる[3]。

1.2　発行市場

　資本市場における発行市場とは、国や企業などの最終的な借り手（資金調達者）が株式や債券などの有価証券[4]を発行して、長期資金を調達する場

---

[2]　公社債市場は負債契約である債券などを、株式市場は株式契約である株式を取引する市場である。負債契約と株式契約（⇒第5章1.2）、株式と債券（⇒第6章1および2）。
[3]　流通市場における時価によって、時価発行増資が行われるからである（⇒第13章1.1）。
[4]　本源的証券ともいう（⇒第5章2.1）。

である。一方で、資金運用を行う投資家は、新たに発行される株式や債券などを取得する場である。

　国や企業などの発行体が、発行市場で証券（株式や債券など）を発行して長期資金を調達するときには、多くの場合、証券会社がその業務を代行する。具体的には、有価証券の募集や売出しという方法によって行われる。

募集（公募）　　新たに発行される有価証券を取得するための申込みについて、不特定かつ多数の者（50人以上）を対象として勧誘することを、募集という。募集は直接募集と間接募集に分けられる。

　直接募集とは、発行体が自ら発行証券の募集、すなわち発行から投資家への勧誘、取得の手続きまですべてを行うことをいう。ただし、直接募集を行うのは一部の銀行にとどまっている。

　間接募集とは、国や企業などの発行体に代わって証券会社が公募の実務を行うものをいう。すなわち、発行体が発行市場で有価証券（株式や債券など）を発行して長期資金を調達するときに、証券会社が発行証券を広く投資家に紹介、投資勧誘から取得までの手続きを行うことをいう。なお、国債（その他一部の公債）に関しては、証券会社のほかに銀行も募集を行う。

売出し　　一方、すでに発行された有価証券の取得の申込みについて、不特定かつ多数の者（50人以上）を対象として勧誘することを、売出しという。したがって、売出しと募集との違いは「すでに発行済の証券」か、「これから新たに発行する証券」かである。発行会社からみると、売出しはすでに資金調達が行われているため、新たな資金は入ってこない点が募集と異なる。

　売出しを行う目的の1つに、起業家の創業者利益の獲得があげられる。たとえば、あなたが起業し長年にわたって努力を重ねた結果、あなたの会社が成功して上場[5]したとしよう。このときまで、創業者であるあなたは自社の株式の全部もしくは大部分を所有しているのが一般的である。そして上場に至れば、あなたの会社の株価は創業当時に比べ大きく値上がりしているだ

ろう。そこで、あなたは自分が所有する持ち株を売り出すことにより、大きな利益を得ることになる。これが創業者利益であり、起業家のインセンティブの1つとなる。

2 発行市場での業務

証券会社の業務は4つに区別される。発行市場関係でのアンダーライティング業務とセリング（ディストリビューティング）業務、流通市場関係では顧客の注文を証券市場へ取り次ぐブローカー業務とディーラー業務である。

2.1 アンダーライティング（引受）業務

証券会社の発行市場における業務に、引受業務（これをアンダーライティングという）がある。発行市場における引受けとは、資金調達を行う企業などの発行体が、予定する資金調達額の全額を確実に得られるよう、証券会社が責任をもって募集や売出しを行うことをいう。

具体的には、買取引受と残額引受がある。買取引受とは、発行会社が発行または売り出す証券全額を事前に証券会社が買い取り、それを投資家に販売することをいう。残額引受とは、まず発行または売り出した証券を投資家に販売し、売れ残った証券をすべて証券会社が買い取ることである。

いずれの場合も、最終的には証券会社が売れ残りを引き取るため、発行会社は調達予定金額の全額を調達することができる。一方、証券会社は売れ残った証券（値下がりが予想される場合には売れ残る。値上がりが予想される場合は売れ残ることはない）を自身で保有する「売れ残りリスク」を負う。

---

5) 未上場会社の株式を、公募や売出しを通して株式市場において売買可能にすることを株式の新規公開（IPO: Initial Public Offering）という。日本においては、証券取引所に上場する方法によるため、一般に株式公開することを「株式を上場する」という。
　成功した会社のみが上場できるので、株式の上場は起業家にとって大きな目標になるといえる。

2.2 セリング（売出）業務

　証券会社が発行体から委託を受けて、不特定多数の一般投資家に有価証券を販売する業務のことを、セリング業務という。これはアンダーライティング業務とは異なり、証券が売れ残った場合でも、証券会社は売れ残りを自身が保有する責任を負わない。

2.3 発行市場の典型例

　発行市場における証券会社の業務として典型的なものを紹介する（図表8-1）。今、A社が工場の建設資金として100億円の資金調達を計画していたとしよう。工場建設のような設備投資は、長期資金でまかなうことが望ましいので、資本市場での資金調達となる。すなわち、株式か社債（または両者の特徴をもつ転換社債）のいずれかの募集となる。ここでは社債の例で説明するが、株式であっても以下の手続きは同じである。

　まず、A社は幹事証券を決める。幹事証券とは、有価証券の募集や売出しのときに、有価証券の発行会社または所有者との間で締結する元引受契約の内容を確定させるための協議を行う証券会社のことをさす。

　幹事証券は複数の証券会社からなり、引受シンジケート団[6]（通常、「シ団」という）を結成する。幹事証券の数が多いのは、売り残りリスクがあるため、1社で引き受けた場合、売れ残りにともなう損失が過大になるからである。また、幹事証券間の競争を促進するなどの理由もある。

　幹事証券が多数の場合、その中心となる会社を主幹事証券、主幹事証券の補佐的な役割をする会社を副幹事証券、それ以外を平幹事証券という[7]。

　主幹事証券は、引受シンジケート団を代表して主導的な役割を果たし、発

---

[6] シ団の証券会社数は、10社程度から大規模な案件の場合は30社くらいになることもある。2012年の日本航空の再上場では幹事証券は26社であった。また、大規模案件では、主幹事証券が複数になることもある。

[7] 一般に、5億円以上の資本金があれば引受業務を行うことができるが、幹事会社になるためには資本金が30億円以上なければならない。

図表8-1　引受シンジケート団

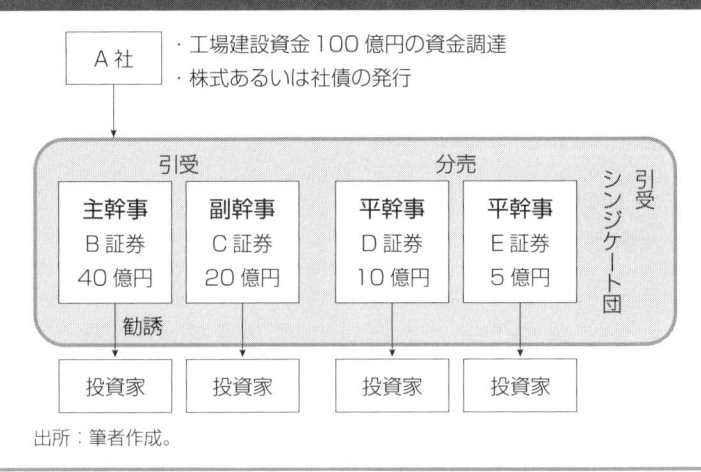

A社
・工場建設資金100億円の資金調達
・株式あるいは社債の発行

引受シンジケート団

引受
- 主幹事　B証券　40億円
- 副幹事　C証券　20億円

分売
- 平幹事　D証券　10億円
- 平幹事　E証券　5億円

勧誘

投資家　投資家　投資家　投資家

出所：筆者作成。

行条件や引受契約内容などを発行会社と交渉する。また株式公開や資金調達に関する全般的な指導、関係機関との折衝・調整、株式などの募集・売出し業務などを行い、引受業務（アンダーライティング）を行う。すなわち、あらかじめ募集した社債を取得する「買取引受」か、売れ残ったら取得する「残額引受」かのいずれかの契約を結ぶ。

一般的に、債券の募集は「買取引受」が、株式の募集は「残額引受」が多い。これによって、たとえ募集した証券が一部売れ残っても、A社は必要とする100億円の資金を調達できることになる。

次に、100億円の配分を決める。たとえばB証券自らは40億円を引き受け、副幹事のC証券は20億円、平幹事のD証券とE証券は10億円などと、各幹事証券への金額を決めていく。そして各幹事証券は、投資家に投資の勧誘を行う。このとき、各平幹事証券は引受契約か分売契約を締結する[8]。

---

8) 分売契約とは、セリング（売出）業務を行う契約のことをいう。しかし、たとえ売出業務であり売れ残ったとしても、証券会社としての営業力がないことを世間に示すことになるので、「当社は売れ残りました」とはいいにくい。このため、売れ残りを自社で取得することが多く、実務上、引受けと分売の違いは意識されない。

3 流通市場での業務

　投資家が、すでに保有している株式や債券などの有価証券を売却して換金したり、新たに取得をしたりする場が流通市場である。

3.1 オークション方式とマーケットメイク方式

　流通市場での取引方法には、オークション方式とマーケットメイク方式がある。

　オークション方式とは、多数の買い手と売り手が価格などの条件を付けた注文を出し、その注文のうち条件の合うもの同士を、取引所で連続して約定させていく方式である。

　マーケットメイク方式は、取引所より資格を得たマーケットメイカー（値付け業者といい、株式や社債は証券会社のみが、国債などの公債は証券会社と銀行が、為替は銀行が、マーケットメイカーとなる）が、常時「売り気配（この価格で売りますという意思表示のこと。投資家が買う場合は、この売り気配の価格で買うことになる）」と「買い気配（この価格で買いますという意思表示のこと。投資家が売る場合は、この買い気配の価格で売ることになる）」を提示し、投資家は最良気配（各社の気配のうち、最も有利な気配）を出しているマーケットメイカーと相対取引を行う。

3.2 株式取引の実際

　日本の証券取引所における株式の取引は、大多数がオークション方式によって取引されており、マーケットメイク方式による取引はごく一部である。

　今、A氏がX証券に対して甲株10,000株の買い注文を出したとしよう（以下、売り注文も手続きは同じである）。このとき証券会社は2通りの対応の仕方がある。1つは自社で保有している甲株10,000株をA氏に販売する方法であり、もう1つは証券取引所での購入を仲介する方法である。

　前者をディーリング[9]あるいは自己売買取引、または仕切り注文という。

これは、証券会社が契約の一方の当事者になる取引である。もし、X証券が甲株のマーケットメイカー（仲買人）であるならば、この対応をとる。

それに対して後者は、ブローキングあるいは委託取引の「取次」といわれる。この場合、証券会社はあくまで取引所にA氏の注文を取り次いでいるにすぎず、契約の一方の当事者ではない。

ディーリングとブローキングは、契約の一方の当事者になるか否かが異なるので、証券会社は注文を受けるとき、どちらの方法で注文を執行するかを顧客に明示しなければならない[10]。

---

9) 一般にディーリングというと、銀行などが自己の資金で外国為替や国債を売買して利益を狙うことをさす。これも銀行などが売買取引契約の一方の当事者であることから、自己売買取引に含まれる。

10) ブローキングの場合は、どの投資家が証券会社に注文しても、取引所での価格で売買することになるが、ディーリングの場合、各証券会社で投資家に示す価格が違うこともありうる。

第9章
デリバティブ取引とその影響

　デリバティブ取引とは、対象となる商品など（原資産という）の価格や指標によって、その価値（価格）が決定される金融商品である。現代の金融を語るときに、デリバティブ取引は無視できない存在となっている。金融市場において重要な役割を果たしているだけでなく、経済全体に大きな影響を与える金融危機や通貨危機が起きるたびに、その原因であると指摘されることもある。

　本章では、デリバティブ取引の説明のほか、なぜデリバティブ取引が使われるのか、またその経済への影響について説明する。

1　リスクヘッジ

　為替が同一時点での取引であることに対して、金融には時間的差異があるため、将来に得られる資金の額が必ずしも確実でないというリスクが必ず存在する（⇒序章3.2）。しかし、リスクへの挑戦こそが、景気を良くし経済を成長させる（⇒序章4）。

　そこで、金融にともなうリスクの負担を再配分したり、リスクを回避（ヘッジ）させたりするために生まれたのが、デリバティブ取引である。

1.1 天候デリバティブ

　リスクヘッジの典型例として、天候デリバティブを取り上げる。天候デリバティブは、気温や降雪日数を取引の対象にしている。たとえば、アイスクリーム屋とかき氷屋が（保険会社などの仲介によって）天候デリバティブ契約を締結する例をみてみよう。

　統計によると、1日の平均気温が30度より高くなるとアイスクリームは売れなくなり、代わってかき氷が売れ始める。つまり、30度を挟んでアイスクリーム屋とかき氷屋は、損益が逆になる関係にある。猛暑になれば、かき氷屋の売上は増えてアイスクリーム屋の売上は減り、冷夏になれば、かき氷屋の売上が減ってアイスクリーム屋の売上が増える。

　そこで、たとえば7月20日から9月20日までの間に、平均気温が30度を超える日が何日あるかによって天候デリバティブ契約を締結する。

　統計から、上記の期間に30度を超える日数の平均が50日だったとしよう。そこで50日を基準として、それよりも30度を超える日数が多く（少なく）なると、多くなった日数に一定額を乗じた金額を、かき氷屋（アイスクリーム屋）がアイスクリーム屋（かき氷屋）に支払うという契約を結ぶ。

　そこで、天候デリバティブ契約を締結することにより、天候（気温）の変化を原因とする売上高の変動リスクから逃れ、安定的な売上高を得られる。これをリスク回避（ヘッジ）するという。

1.2 ビジネスリスク

　あるビジネス（仕事・産業）につきもののリスクを、ビジネスリスクという。アイスクリーム屋やかき氷屋に限らず、ビジネスにもリスクはつきものである。たとえば、現代の日本は輸出入にかかわる企業も多く、そのビジネスは為替変動リスクにさらされている（⇒第5章1.3）。

　天候や為替など各種の価格変動その他のリスクによって、売上高が変動すると、企業経営に大きな悪影響を与える。ドル円為替によって会社の円換算の売上高が左右され、それが従業員の所得に影響を与える。また、資産価格

の激変が金融危機となり、それが雇用にまで影響を与え、経済全体のリスクとなる時代になっている。このビジネスや経済全体のリスクをマネジメントするために、デリバティブという金融取引が開発されたのである。

2　先物取引

　では、なぜデリバティブ取引だとリスクのマネジメントができるのか。それを知るためには、デリバティブの特徴を勉強する必要がある。そこで、最も多く取引されている先物取引で具体的に説明していこう。

2.1　先物とは
　先物取引は、先渡(さきわたし)取引と（狭義の）先物取引に大別される。まず、先物取引のプロトタイプ（原型）である先渡取引から説明する。世界で最初の先渡取引は、1700年ごろの江戸時代中期（元禄時代）の大坂（現大阪）で行われた米相場である。

　米は秋に収穫される。夏の段階では昨年以前に収穫された米（先物に対して現物という）は現実に存在するので売買できるが、その年の秋に収穫される米は（田んぼに生育途中の稲はあるが）、現実には存在していない。

　そのときに、いまだ収穫されていない（今年の秋に収穫される）米（現物に対して先物という）を、収穫に先だって売買する取引が米の先渡取引の始まりである。ある種の予約ともいえる。

2.2　先渡取引
　先渡取引とは、ある商品の、ある特定された数量について、あらかじめ定めた将来の時点（受渡日）に、現在定める価格（先渡取引の売買価格）で売買する契約を交わし、受渡日に実際にその商品などを受け渡して決済をする（受渡決済という）取引をいう。

　米などの現物が収穫される以前に、その時点での価格で売買し、実際に収

穫された後の受渡日に、代金を授受して米などの現物を受渡しする取引が先渡取引である。

たとえば、ある年の夏に米の大生産地である尾張（現在の愛知県名古屋市周辺）に台風が来て河川が氾濫し、稲作が被害を受けたとしよう。当時はテレビもインターネットもない時代である。名古屋に情報源をもつ大坂の米商人（仮に「尾張屋」としよう）が、ほかの誰よりもいち早くその情報を得て、この年の秋に収穫される米の価格が高くなることを予想した。

尾張屋は、この秋の仕入れのために資金を用意していたとしよう。しかし、米の価格が上がると、その資金では必要なだけの米を買うことができなくなるかもしれない。

しかし、先渡取引があれば、尾張屋はほかの人に情報が流れていない時点のまだ安い価格で、今年の秋に収穫される米を先渡取引で買えばよい。そして、秋に大坂に米が輸送されてきたときに、先渡取引で買った米を引き取るのである。尾張屋は実際の米の取引価格よりも先渡取引によって安く仕入れ、高い価格で売り、大きな利益をあげることができる。

今日では、塩や小麦・とうもろこしなどの農産物、金やプラチナなどの貴金属、石油や天然ガスなどのエネルギー資源でも同じように先渡取引が行われている。これら先渡取引の対象となる物品などを原資産という。金融関連でも、国債、ドル円為替など各国通貨を原資産とする先渡取引が、広く取引されている。

いずれも、あらかじめ決まっている受渡日に、先渡取引で売買した時点の価格で、買い方は代金を支払って現物を引き取り、売り方は代金を受け取って現物を引き渡す。現物と代金で決済するので、受渡決済という。

たとえば、9月末日に満期期日で決済されるドル／円の先渡取引に関して、8月20日に1ドル100円で1万ドル売る（買う）契約をした場合は、9月末の時点においては、1ドルが98円であろうとも102円であろうとも、1万ドルのドル資金を引き渡し（引き取り）、100万円の円貨を引き取る（引き渡す）ことになる。

2.3 先物取引

　狭義の先物取引でも、ある商品の、ある特定された数量について、あらかじめ定めた将来の時点（受渡日）に、現時点で定めた価格で売買する契約を交わす。ここまでは、プロトタイプ（原型）の先渡取引と同じである。ただし先物取引では、受渡日までの間に反対売買（買った人は売り、売った人は買うこと）を行って差額で決済して取引を終了させることができる機能が加わっている。先渡取引の受渡決済に対して、差金決済という。

　それでは米の取引の例に戻ろう。尾張に台風の被害が出たことから、尾張屋は他者に先んじて先渡取引で米を買った。ただし、本当に秋に米の価格が上がるとはかぎらない。別の米の大産地である越後（現在の新潟県）では、米が大豊作になったとしよう。新潟に情報源がある米商人（仮に「越後屋」とする）は、秋には米の価格が下がると予想した。

　越後屋は、前年に仕入れた米を、大量に保管していたとしよう。もし米の価格が今後下がってくると世間が知れば、大量に保管している米を安い価格で売らなければならなくなる。しかし、先渡取引があれば、豊作の情報が大坂に広まり先渡しの価格が下がる前に売ればよい。たとえその後に米の価格が下がったとしても、先渡取引で売ったときの価格で米を売れるので、米の価格下落リスクをヘッジできる。

　さて、尾張の台風の被害と越後の大豊作の情報が大坂に入ってくる。その結果、尾張屋の当初の予想ははずれ、秋の米の価格が上がるどころか、少々下がると予想を修正したならば、どうすればよいのだろうか。

　もし、先渡取引しかなければ尾張屋はどうしようもない。すでに一定の価格で契約をしている尾張屋は、受渡日に価格がさらに安くなっても、先渡取引で買った価格で引き取らなければならない。

　予想がはずれて困るのは、尾張屋だけの話ではない。しかも、途中で予想が変わることはよくあることで、予想の変化に合わせて修正することも必要となる。そこで受渡日以前であっても、反対売買によって先に契約を解消させるように改善されたのが狭義の先物取引である。

3 デリバティブ取引の特徴

デリバティブ取引の特徴を先物取引でみると、次の3点が挙げられる。

- 資金がなくても買えて、原資産をもっていなくても売れる。
- 相場上昇予想時に買うだけでなく、下落予想時には売りから入って利益を狙える。
- 少額の資金で多額の取引ができるレバレッジ（梃子）効果がある（⇒第9章4）。

3.1 資金がなくても買えて、原資産をもっていなくても売れる

米の先渡取引で買う（売る）場合、いまだ世の中に存在していない米を買う（売る）ので、代金（原資産である米）は必要ない。受渡日に代金（米）を引き渡せばよいのである。受渡日前に反対売買で決済すれば契約が解消されるので、購入代金（米）はまったく必要ないことになる。

また、デリバティブ取引は差金決済によって（実際に受渡しができる原資産だけでなく）、受渡しができないような指数や事象を原資産とすることができる。先ほど学習した天候デリバティブが典型例である。

3.2 下落予想時には売りから入って利益を狙える

たとえば、株式投資の場合、株価上昇が予想されるときに買い注文を出し、株価が上昇したときに売却することで運用利益をあげることができる。米相場や金相場などの現物取引でも同様である。すなわち、現物取引においては、原則として上昇時にしか利益をあげる機会がない。価格が下落するときは、運用利益をあげる手段がない。

これに対して、先物などのデリバティブ取引は、現物をもっていなくても売りから入れる。つまり、ある先物商品の価格が下落すると予想したときには、それをもっていなくても売り注文を出し、予想どおり価格が下がった時

点で買い注文を出し差金決済をすることで、利益をあげることができる。

3.3　少額の資金で多額の取引ができる

　デリバティブ取引では、購入資金がなくても買え、現物がなくても売れる。事前に証拠金を差し入れなければならないが、証拠金は購入代金ほどの額を必要としない。

　たとえば、先物の場合、証拠金の額は取引所などが決める証拠金率によって算出される。証拠金率を約定代金の 10% とした場合、1 kg 400 円の米を 10 トン（10,000 kg）買う（売る）とすると、約定代金は 400 万円（＝ 400 円 × 10,000 kg）となるが、これに対して証拠金の額は 40 万円（＝ 400 万円 × 10%）にとどまる。なお、証拠金は先物取引の決済時に返却される。

　すなわち、米を現物で 10 トン買うには購入代金が 400 万円必要であるが、先物の場合は 40 万円の証拠金を差し入れることで同じ数量を買える。売りの場合は、現物取引では 10 トンの米が必要だが、先物で売る場合は、やはり 40 万円の証拠金差入れで 10 トンの米を売ることができる。

　リスクヘッジのためにデリバティブ取引を使うとき、この 3 つの特徴は便利である。たとえば、米を大量に保管しているときに米の価格が下がると予想した場合、これをヘッジするために保有しているすべての米を売ると、大きな売却コストがかかる。しかし、少額の資金で多額の取引ができるので、売却コストを少なくできる。

　また、米を保有したまま、下落予想時に売りから入ってデリバティブ取引で利益を得られれば、保有したままの米の価格下落と相殺できる。

　しかし、デリバティブはレバレッジ効果があるため、ヘッジ取引だけでなく、少額な資金で多額の利益を狙う投機（スペキュレーション）にも使われる。これが失敗して多額の損失を生じ、社会問題となったり、金融危機を引き起こしたりすることもある。

4 レバレッジ効果

　デリバティブ取引は小額の証拠金で取引することができるので、レバレッジ効果が存在する。具体的な数値例でみてみよう。

　証拠金率を約定代金の 10％ とした場合、1 kg 400 円の米を 10 トン買う（売る）とすると、約定代金は 400 万円（＝400 円×10,000 kg）で証拠金の額は 40 万円（＝400 万円×10％）であった。

　その後、米の価格が 450 円となったとしよう。すると、50 万円（＝(450 円－400 円)×10 トン×1,000 kg）の利益があげられる。

　現物取引においては、投資元本として 400 万円必要なため、利益率は 12.5％（＝50 万円÷400 万円×100）となる。

　これに対して先物取引で同じ売買を行うと、投資元本に替わる証拠金は 40 万円ですむため、利益率は 125％（＝50 万円÷40 万円×100）と、現物の利益率の 10 倍となる。

　別の考え方をしてみよう。現物取引では、400 万円の資金で 10 トンしか売買できなかった。しかし先物取引ならば、取引金額の 10％ の証拠金ですので、400 万円の資金があるならば、取引金額 4,000 万円にあたる 100 トンの売買ができることになる。よって、500 万円（＝(450 円－400 円)×100 トン×1,000 kg）の利益をあげることができる。

　このように、手持ちの資金よりも多い金額の取引ができることをレバレッジ（梃子）効果という。梃子が小さな力で大きな荷物を持ち上げられることが、この名前の由来となっている。

　また、手持ちの資金と実際の取引額の比率を、レバレッジという。具体的に、レバレッジは証拠金率の逆数となる。すなわち、証拠金率が 10％ のときのレバレッジは 10 倍（＝1÷0.1）であり、証拠金率が 20％ のときのレバレッジは 5 倍（＝1÷0.2）となる。

　したがって、証拠金率が低いほうがレバレッジは大きくなる。レバレッジが大きいということは、予想が当たったときの利益率も大きくなるが、予想

がはずれたときの損失率も大きくなる。したがって、レバレッジの値は、リスクの大きさを示すと考えることができる。

5 デリバティブ取引の影響

1987年に起きたブラックマンデー[1]以降、デリバティブ取引の金融市場および世界経済に与える影響が意識されるようになった。その後、金融危機が起きるたびに、デリバティブ取引と、それを駆使して利益を追求するヘッジファンドの動きが注目されている。

5.1 機関投資家の影響

現在の金融市場においては、機関投資家という大手の投資家の動きが価格形成に大きな影響を与えている。機関投資家とは、多くの人から資金を集め、それを1つのファンド（基金）として運用を行う金融機関である。具体的には、年金基金や農林中央金庫や保険会社（⇒第5章3.7）、また一般の銀行、そして投資信託（⇒第6章5）があげられる。

各種のファンドは、ファンドマネジャーという専門家によって運用される。ファンドマネジャーはより多くの情報をより早く入手することで、より有利に取引しようとするが、情報化が進んだ結果、ファンドマネジャーはほぼ全員が同じ情報を同じタイミングで手に入れるようになった。すると、買うときは全員が買い、売るときは全員が売るため、市場の価格が上がるときは速く大きく上がり、下がるときも速く大きく下がるようになった。

---

[1] 1987年10月19日（月）、ニューヨーク株式市場は過去最大の暴落を経験した。下落率は22.6%であり、世界大恐慌の発端となった1929年の暗黒の木曜日（ブラックサーズデー）の下落率12.8%を上回ったことから、ブラックマンデーとよばれる。また、翌日の日経平均株価は3,836.48円安（14.90%下落）の21,910.08円となり、過去最大の暴落となった。

5.2 ヘッジファンド

　機関投資家や富裕層などから大規模な資金を集め[2]、デリバティブ（金融派生商品）取引などを活用したさまざまな手法で運用するファンドのことを、ヘッジファンドという。投資の最低額が、日本円で1億円以上と高額のものが多いが、最近では最低投資単価が引き下げられて500万円または1,000万円となり、個人投資家が投資できる事例も見受けられる。

　ファンドのなかには、年金基金や生命保険のように、支払いまでの期間が長いものが多い。しかし、実際の金融市場で価格形成に影響を与えているのは、半年に1回決算を行い、投資家に配当を支払う短期投資家のファンドであり、その代表例がヘッジファンドである。

　ヘッジファンドなどの投機資金[3]の特徴は、デリバティブ取引のレバレッジ効果を使って、投資資金よりも大きな取引を行うことがあげられる。そして、上がる予想のときは買いから入り、下がる予想のときには売りから入る。そのため、株などの資産価格が、上昇局面では急激に上がりバブル発生の原因となる一方で、下落局面で急激に下がり金融危機を引き起こすという面も指摘される。

　そこで、中央銀行が行う金融政策や政府が行う財政政策が、ますます重視されるようになっている。

---

[2]　日本では金融商品取引法で、公募に対して私募とされ、勧誘行為の対象人数が49人以下（アメリカでは99人以下）と定められている（⇒第8章1.2）。

[3]　投機資金は、ホットマネーともよばれ、上がると予想すると買いから入り、下がると予想すると売りから入り、数日から数か月で反対売買を繰り返して、短期間で売買益を狙う投資家およびその資金をいう。

第3部　金融政策

第10章
マネーストックと金融政策

　中央銀行が行う金融面からの経済政策を、金融政策という。金融政策は、経済を持続的に拡大させることを最終的な目標とし、物価や通貨の価値（外国為替を含む）の安定、さらに景気対策の一環として金融引締めや金融緩和政策を実施する。

1　マネーストックと物価

　金融政策の操作目標は、大別してマネーストックと金利に分けられる。マネーストックの減少や行きすぎた増加は、物価や外国為替に悪影響を与え、景気変動に悪影響を与える。

　マネーストック（money stock：通貨残高）とは、金融機関と中央政府を除いた経済主体（一般法人、個人、地方公共団体など）が保有する通貨の合計を指す。簡単にいえば、世の中に存在している通貨の量である。

　物価の急激な変動は、経済に悪い影響を与える。企業などの生産者は、市場で決まる価格をみて生産量などを変化させる。たとえば、ある財の価格が上がると、その財が売れている（需要が増えた）からだと判断してさらに利益を伸ばすために、その財の生産を増やす。その判断の基準となる物価が乱高下しては、企業の判断を難しくしてしまう。

　また、年金生活者にとって、インフレが起きると収入額は変わらないのに

支払い金額が多くなり、生活が苦しくなる。逆に、デフレが起きると、経済成長が鈍化し、雇用や学生の就職活動にも悪影響を与える。物価が安定しない弊害は、枚挙にいとまがない。

物価の変動は、マネーストックの増減によって引き起こされるという説が、現在では主流となっている。すなわち、マネーストックが増加すると物価が上がり（インフレが起き）、マネーストックが減少すると物価が下がる（デフレが起きる）。

経済社会で取引される財の量が、一定であると仮定してみよう。そのとき、世の中の通貨の量であるマネーストックが少なくなったらどうなるだろうか。人々がもっているお金の量が減ったのだから、今まで買えたモノも買えなくなるだろう。すると、商店や企業の売上が減り業績が悪くなる。勢い値下げしてでも多く売って、現金を回収しようとする生産者や商店が多くなれば、値下げ競争が起きる。こうして、物価は下がり、デフレに陥る可能性が高くなる。

逆に、マネーストックが増えたらどうなるか。人々がもっているお金の量が増えるため、今まで以上にモノを買えるようになる。すると売上も増え、今までよりも高いモノも売れるようになるだろう。こうして物価が上がり、インフレが進むのである。

この現象を、経済学では次のように説明する。

マネーストックを M、貨幣の流通速度（通常は1年間に、貨幣が人々の間で受け渡しされる回数で、貨幣の回転率に相当する。同じ貨幣を使った売買契約の約定回数である）を V、物価水準を P、財やサービスの取引量を T とおくと、

$$MV = PT$$

という式（これをフィッシャーの交換方程式とよぶ）で表される。この交換方程式は、貨幣量と物価の相関関係を分析するためのツールとして使われる。上の式は以下のように変形することができる。

$$\uparrow P = \frac{\uparrow M \overline{V}}{\overline{T}}$$

ここで V と T が一定である（ ̄を付して表す）とすると、マネーストック（M）の増加は物価水準（P）を上昇させることがわかる。

さらに、ケンブリッジ大学のアルフレッド・マーシャルはフィッシャー式に手を入れて、次のように表した。すなわち、貨幣流通速度 V の逆数（$1/V$）を k として、

$$M = kPY$$

という式が得られる。これをケンブリッジ方程式という。なお、Y とは実質 GDP であり、物価水準の P を乗ずることで PY は名目 GDP（「国民経済計算年報」で算出される名目国内総生産）を表す。

また、k はマーシャルの k という。これは、人々が保有するマネーストックの名目 GDP に対する割合である。統計をみると、ある国の特定の時代において、マーシャルの k がほぼ常に一定の値をとることがわかっている。

見方を変えると、もしも統計の結果、マーシャルの k が異常な値を示したならば、マネーストックが異常な状態にあることを意味する。つまり、マーシャルの k は、マネーストックが適正水準にあるかどうかを判断するための指標として使うことができる。

2 マネーストックの種類

マネーストックは、金融機関などの通貨発行主体の信用創造によって供給される（⇒第4章1）。日本銀行は、通貨発行主体の範囲について、単純に決められないとしている。よって、マネーストックについても、いくつかの種類に分類されている。

かつて、日本では日銀がマネーサプライとして公表していた。現金通貨

図表 10-1　マネーストックの種類

M_1	現金通貨と預金通貨 預金通貨とは、要求払い預金（当座、普通、貯蓄、通知、別段、納税準備の各種預金）
M_2	M_3 から対象金融機関のうち「ゆうちょ銀行」を除いたもの
M_3	M_1 と準通貨（定期、据置、外貨の預金と定期積金）と CD（譲渡性預金）を合計したもの
広義流動性	M_3 に金銭の信託、投資信託、金融債、銀行発行普通社債、金融機関発行 CP、国債、外債の合計

出所：日本銀行ホームページより。

（紙幣を含む広義の貨幣）、普通預金、当座預金、定期預金、外貨預金、譲渡性預金（CD: Certificate of Deposit）の総合計の通貨量である M_2＋CD が代表的な指標であった。

しかし、2007 年 6 月 22 日の郵政民営化にともない、日本銀行はマネーサプライ統計を約 30 年ぶりに全面的に見直し、2008 年 5 月からは新たな「M_3」を代表的指標として名称も「マネーストック統計」として公表している。

M_1　現金通貨と預金通貨を合計し、そこから調査対象金融機関が保有する小切手・手形を差し引いたものが M_1 である[1]。なお、現金通貨とは銀行券発行高と貨幣流通高の合計額であり、預金通貨とは、要求払預金（当座、普通、貯蓄、通知、別段、納税準備）から調査対象金融機関の保有小切手・手形を除いたものである[2]。

---

1) 対象金融機関は日本銀行（代理店預け金など）、国内銀行（ゆうちょ銀行を含む）、外国銀行在日支店、信金中央金庫、信用金庫、農林中央金庫、商工組合中央金庫、その他金融機関（全国信用協同組合連合会、信用組合、労働金庫連合会、労働金庫、信用農業協同組合連合会、農業協同組合、信用漁業協同組合連合会、漁業協同組合）。

M₂　　M₂ とは、現金通貨と国内銀行などに預けられた預金を合計したものである[3]。旧 M₂ との継続性を確保するため[4]、M₃ から対象金融機関のうち「ゆうちょ銀行」を除いたものとなっている。

M₃　　M₃ とは、M₁ と準通貨と CD（譲渡性預金）を合計したものである[5]。なお準通貨とは、定期・据置・外貨の預金と定期積金である。

広義流動性　　広義流動性とは、M₃ に金銭の信託、投資信託、金融債、銀行発行普通社債、金融機関発行 CP、国債、外債を加えた合計である[6]。

3　マネーストックのコントロール

　金融政策を行うのは中央銀行であるが、実際のマネーストックは、民間の通貨発行主体である金融機関の信用創造によって供給されている（⇒第 4 章 2.2）。そのため中央銀行の金融政策は間接的にならざるをえない。ここではどのように中央銀行がマネーストックをコントロールしているかをみていく。

---

[2]　郵便貯金・簡易生命保険管理機構（郵便貯金）や住宅金融支援機構といった独立行政法人、日本政策投資銀行・日本政策金融公庫などの一部政府系金融機関は「政府関係金融機関（中央政府）」とみなされ、M₁ の対象金融機関ではない。

[3]　対象金融機関は日本銀行、ゆうちょ銀行以外の国内銀行、外国銀行在日支店、信金中央金庫、信用金庫、農林中央金庫、商工組合中央金庫。

[4]　マネーストックは、マーシャルの k や物価との関係などを調べるため、統計をとることが重要である。2007 年の郵政民営化で、ゆうちょ銀行が民間銀行となった。しかし、それ以前は公的な貯蓄機関として、旧 M₂ には含めていなかった。ゆうちょ銀行が民営になったからといって M₂ に入れてしまうと、突然、M₂ の数値が増大してしまう。これでは過去の統計とその後の統計の継続性がなくなってしまい、数値が示す傾向がわからなくなってしまう。そこで、本来は入れるべきかもしれないが、統計の継続性を重視して、ゆうちょ銀行の数値を M₂ から除いて統計をとっているのである。

[5]　対象金融機関は M₁ と同じ。

[6]　対象金融機関は M₃ のものに加えて国内銀行信託勘定、中央政府、保険会社など、外債発行機関。

3.1 準備預金制度

　法律によって、金融機関が保有している預金の一定割合以上の金額を、支払準備として一定期間内に日本銀行の当座預金へ預け入れることを義務づける制度を準備預金制度という。預け入れを義務づけられた最低金額を法定準備預金額といい、また保有する預金に対して日銀当座預金に保有すべき準備預金額の割合を預金準備率、または支払準備率という。

　銀行は、預金として受け入れた現金や中央銀行から供給された現金（ハイパワードマネー[7]という）に、預金準備率の逆数となる[8]信用乗数を乗じただけの預金通貨を貸出しによって供給することができる。しかし、現実には信用乗数の最大限度まで貸出しを行い、預金通貨を供給するわけではない。そのときどきの金融情勢や銀行各行の経営方針などで実際の貸出量を決めている。

3.2 銀行の貸出し

　もし、景気が良いと、企業などから資金を貸し出してほしいという需要が増えるだろう。すると銀行は多くの貸出しを行うため、預金通貨の供給を通してマネーストックは増加する。この場合には、インフレが進行する可能性が出てくる。

　このとき、中央銀行は金融政策を発動して、マネーストックの増え過ぎを制限しようとする。これを金融引締め（政策）という。

　それでは、景気が悪くなったり金融危機が起きたりしたら、どうなるだろうか。企業などからの貸出需要が減れば、銀行は貸出しを減らすため、預金

---

[7] ハイパワードマネーとは、現金通貨と民間金融機関が保有する中央銀行預け金の合計のことをいう。日銀の統計では、マネタリーベースといい、ベースマネーともよばれる。商業銀行は受け入れたハイパワードマネーを元（ベース）に数倍から数十倍の預金通貨を供給することから、その名前がついている。

[8] 銀行は、その規模によって預金準備率が決められている。たとえば、預金準備率が1％の銀行は、信用乗数が100倍（＝1÷0.01）となり、受け入れた現金の100倍までの預金通貨を供給できることになる（⇒第4章1.3）。

通貨の供給が減少してしまう。その結果、マネーストックは減少して、デフレに陥る可能性もある。

さらに金融危機が起きると、銀行が保有している株式など金融資産の価値が激減し、大きな損失を計上することになる。すると、銀行の資本金が取り崩される（自己資本が棄損するという）ことで経営のクッションが縮小するため[9]、貸出しを制限せざるをえなくなる。

その結果、企業などの貸出需要があるにもかかわらず、銀行は新たな貸出しをしなくなったり（貸し渋り）、貸出しを急いで回収しようとしたり（貸し剥がし）する。すると、金融部門における金融危機が、一般の景気にまで大きな影響を与えることになる（⇒第13章3.2）。

中央銀行は、景気が落ち込んだり金融危機が起きたときには、金融政策を発動させることによって、マネーストックの増加を後押ししようとするのである。これを金融緩和（政策）という。

中央銀行は、金融政策によって経済や金融情勢の動きをみながら、マネーストックの持続的な増加を安定させるように行動する。だだし、実際には中央銀行は、金利やハイパワードマネーの量をコントロールする政策を通して、商業銀行の貸出しを制限して、民間に出回る資金量を調節している。

3.3　金利のコントロール

中央銀行は、景気が過熱する（適正水準を超えて景気が強くなる）と、金利を引き上げるような金融引締め政策を行う。借入れを行おうとする企業などにとっては、金利が上昇すると資金調達コストが上昇するため資金を借りにくくなる。企業の経済活動は抑制され過熱した景気を減速させる効果が期待

---

9)　たとえば、個人が病気になったとき、貯蓄がたくさんあれば、医療費などの急な支出にも耐えられる。これを貯蓄がクッションの役割を果たすという。

　企業においては、利益の一部を内部留保して自己資本として蓄えることにより、リスクをとって事業を行う際に、もし失敗して損失が出た場合であっても、蓄えてある自己資本を取り崩して難局を乗りきることができるため、安心して事業などに挑戦できる。つまり、自己資本の蓄積が、経営のクッションの役割を果たすことになる。

できる。また、銀行に対する資金供給が絞られ、マネーストックの増加を抑える効果もある。

　また、景気が悪くなったり金融危機が起きたりする場合には、中央銀行は金利を引き下げる金融緩和政策を行う。借入れを行う企業などにとっては、金利が下落すると資金調達コストが下がるので資金が借りやすくなる。企業活動は促進され、景気回復を後押しする。また、銀行に対する資金供給が増えて、マネーストックの増加を後押しする効果がある。

3.4　量的金融緩和政策

　しかし、景気が一段と悪くなったり、経済がデフレに陥ったりすると、金利政策だけではコントロールが不十分になる。そのような場合には、中央銀行はハイパワードマネーを増やす金融緩和政策をとる。これを量的金融緩和政策という（⇒第11章4.2）。

4　金融政策の実態

　中央銀行の金融政策が、どれだけマネーストックに影響を与えているかなどを判断する材料となるのが貨幣乗数である。

4.1　貨幣乗数とは

　ハイパワードマネー（HPM）1単位に対し、実際には何倍のマネーストックMが創り出されているかを示す指標を、貨幣乗数という。

　マネーストックMは、現金通貨Cと預金通貨Dの合計である。ハイパワードマネーHPMは、日銀券である現金通貨Cと、銀行の準備預金額Rの合計値である。これらは、中央銀行が民間の金融機関などに直接供給することから、中央銀行が直接コントロールできる現金通貨と準備預金額である。

$M=$ 現金通貨（C）＋預金通貨（D）

$HPM=$ 現金通貨（C）＋準備預金額（R）

HPM 1単位の増加に対して M が何倍になるかは、HPM を分母とし M を分子とする値で表すことができる。すなわち、①式で示される。

$$\frac{M}{HPM} = \frac{\text{現金通貨}（C）＋\text{預金通貨}（D）}{\text{現金通貨}（C）＋\text{準備預金額}（R）} \cdots\cdots ①$$

HPM が、マネーストック M をどれだけ増減させるかを考えるには、①式の両辺に HPM を乗じて②式にすればよい。すなわち、②式の右辺の分数が、HPM を1単位増やしたときに M が何倍増えるかを表す乗数となる。

$$M = \frac{\text{現金通貨}（C）＋\text{預金通貨}（D）}{\text{現金通貨}（C）＋\text{準備預金額}（R）} \times HPM \cdots\cdots ②$$

さらに、この分数の分子と分母を D で割ると③式となる。

$$M = \frac{C/D + D/D}{C/D + R/D} \times HPM \cdots\cdots ③$$

ここで C/D は現金・預金比率であり、R/D は預金準備率である。そこで、現金・預金比率を α と置き、預金準備率を β と置くと、③式の分数部分は $(\alpha+1)/(\alpha+\beta)$ となる。

$$M = \frac{\alpha+1}{\alpha+\beta} \times HPM \cdots\cdots ④$$

1単位の HPM に対してマネーストック M が増減する割合（M/HPM）が貨幣乗数 m であり、その大きさは以下の式で表される。

貨幣乗数 $m = \dfrac{\alpha+1}{\alpha+\beta}$

それでは、貨幣乗数の式をみながら、その影響について考えていこう。

4.2 預金準備率の影響

まず、預金準備率 β について考えてみよう。預金準備率の分母の D は、銀行が預かった預金総額である。分子の準備金 R とは、銀行が預かった預金のうち、日銀に預けた準備金である。

その内容をみると、まず法定準備金があげられる。銀行は、預かった預金総額のうち法定準備金以外の全額を貸し出すことが、法律で許されている。しかし、実際には日常の現金の出入りの準備や事業運営のため、法律で許される上限いっぱいまで貸出しに回すとはかぎらない。貸出しを増やすほど、資金の回収にともなうリスクが高くなるためである。

たとえば、バブル崩壊後の 1990 年代に入って、日本の金融システムに対する不安が急速に広がった。これは、銀行が担保としていた不動産や、幅広く保有していた株式の価格が下がり、大きな損失を受け、自己資本を毀損してしまったためである。このため、銀行は経営の立て直しに迫られ、貸出しに慎重になる、いわゆる貸し渋り・貸し剥がしが広がった。こうして、銀行の貸出額は法律によって認められている額を大きく下回り、預金準備率は上昇することになった。

これが経済にどのような影響を与えるのか、簡単な数値を使って説明しよう。α（現金・預金比率）が 0.1 で β（預金準備率）も 0.1 である場合、貨幣乗数 m は $(0.1+1)/(0.1+0.1) = 5.5$ となる。HPM の供給に対して、経済におけるマネーストック M は、HPM の 5.5 倍増大することを意味している。

ここで、銀行の貸し渋りなどで、預金準備率 β が 0.2 に上昇したとしよう。このとき、乗数 m は、$(0.1+1)/(0.1+0.2) = 3.67$ となる。すなわち、日銀が HPM を市場に供給しても、マネーストック M は 3.67 倍しか増えず、日銀

の金融緩和政策の効果が減少してしまうことを意味する。景気の悪化を受けて、日銀の金融緩和政策に期待が寄せられるときに、その効果が低下してしまうのである。

4.3 現金・預金比率の影響

現金・預金比率（α）とは、企業や個人が手持ち資金のどれだけを現金（C）としてもち、どれだけを預金（D）に回すかを示す比率である。たとえば、金融危機が起きて銀行の損失が拡大し、その信用が落ちると、人々は銀行預金をせずにいわゆるタンス預金をするようになる。すると、現金・預金比率（C/D）は大きくなる。バブル崩壊後の金融不安期には、銀行預金の金利も低下したため、銀行に預金する人が少なくなってしまった。

ふたたび、簡単な数値を使ってみてみよう。まず $\alpha = 0.1$ で $\beta = 0.1$ であったときは、m は 5.5 であった。しかし、低金利と金融不安により、α が 0.5 まで上昇したとすると、$(0.5+1)/(0.5+0.1) = 2.5$ となり、貨幣乗数が大きく落ち込むことがわかる。

ここで、さらに $\beta = 0.2$ に上昇したとすると $(0.5+1)/(0.5+0.2) = 2.1$ となり、金融政策の効果がますます限定的なものとなる。

4.4 中央銀行はコントロールできるのか

貨幣乗数が一定の値に安定している場合には、中央銀行はハイパワードマネーをコントロールして、マネーストックを管理することができる。しかし、預金準備率や現金・預金比率が変動すると、貨幣乗数は大幅に変わりうる。

貨幣乗数は、民間主体の経済活動にも大きく依存する。たとえば金利が上がると、現金でなく預金で保有しようと考える人が増え、現金・預金比率が下がって貨幣乗数は大きくなり、金融政策の効果も大きくなる。逆に金利が下がると、預金ではなく現金で保有しようと考える人が増えるため、現金・預金比率が上がり貨幣乗数が小さくなる。これは、金融政策の効果を減殺することを示す。

また、ハイパワードマネーの残高の多くは、現金通貨（日銀券と補助貨幣）で占められている。そのため、民間（個人・法人）の現金需要が貨幣乗数に大きく影響する。仮に中央銀行がハイパワードマネーを増やしても、市場の現金需要が大きくなると、中央銀行が意図したようにはマネーストックは増加しない。

たとえば、バブル崩壊後の1990年代、日本の金融システムに不安が広がったときに、日本銀行は大量のハイパワードマネーを民間に供給した。しかし、銀行の貸し渋り・貸し剥がしや、民間の現金需要の増加によって、日銀の思惑ほどにはマネーストックは増えず、日本経済はデフレーションに陥ってしまった。

第11章

中央銀行と金融政策

　金融政策を行うのは各国の中央銀行であり、日本では日本銀行（Bank of Japan: BOJ）である。この章では日本銀行（日銀）と、その金融政策についてみていこう。

1　日本銀行

　日本銀行の資本金は1億円で、出資構成は政府が55%と過半数を占め、45%が民間の保有となっている。日銀の出資証券は証券取引所で取引されており、誰でも買うことができる。しかし、出資証券は株式ではなく、出資者には経営者を選ぶ権利がない。最高意思決定機関は日本銀行政策委員会[1]である。
　全国に33の支店と12の支店所属事務所をもち、ニューヨーク、ロンドン、パリ、フランクフルトに海外事業所がある。

1.1　日本銀行の目的

　1998年の日本銀行法の全面改正によって、「物価の安定」と「金融システムの安定」が日本銀行の目的であると明確に示された[2]。そして、日本の国

---

[1]　金融政策の決定などを行う。総裁、副総裁（2名）、審議委員（6名）の計9名の委員で構成される。総裁・副総裁を含めて委員は、国会の同意を経て内閣が任命する。

民経済の発展に資するための機関と位置づけられた。また、政府からの独立性が明確にされた一方で、円で生活する国民の危惧を排せるような金融政策の透明化が不可欠のものとして求められるようになった。

1.2 日本銀行の役割

日銀には、「銀行の銀行」「政府の銀行」「発券銀行」の3つの役割がある。

銀行の銀行 日銀は、銀行の銀行としての機能を果たしている。すなわち、日銀は民間金融機関に対して預金を受け入れたり（準備預金）、貸出しを行ったり、債券や手形の売買を行っている。なお、日銀と取引できるのは、法律で定められた一定の金融機関（各種銀行、証券会社、短資会社、取引所など）であり、一般の企業や個人は取引できない。

日銀の取引金融機関は、日銀に当座預金口座を開設している。日銀と各金融機関の間の取引は、この日銀当座預金口座を使って決済される。また、国内の金融機関同士の取引[3]に際しても、各金融機関が日銀に開いている当座預金[4]の振り替えによって円滑な資金決済を行う。

また、各国の中央銀行や国際金融機関との取引も、日銀が行っている。

政府の銀行 政府は日本銀行に当座預金を開設しており、日銀は政府預金の受入れや政府への貸出しを行っている。この資金は国庫金とよばれる。政

---

2) アメリカの中央銀行であるFRB（連邦準備制度理事会）は、物価の安定と金融システムの安定のほかに、雇用の安定をあげている。これは、金融のみならず経済全体の安定も目的になっていることを意味すると解されている。
3) 例として、コール市場やインターバンク市場で資金の貸し借り、手形決済、他銀行への振込み、国債などの売買の決済などの他銀行との取引があげられる。
4) 現在は日銀とすべての取引先金融機関が日銀ネット（正式には「日本銀行金融ネットワークシステム」）で結ばれており、日銀と取引先金融機関および金融機関の間の資金や、国債の決済をオンライン処理している。すなわち、個人が取引先銀行の預金口座を利用して銀行振込で決済するように、各種金融機関は日銀にある当座預金を使って決済する。

府は国民から集めた税金や社会保険料などを日銀にある政府の当座預金に預け、公共事業費や年金などの必要な支出を行っている。日銀は、こうした国庫金の受払いや計算処理など出納業務を担当している。

その他、国債の発行や国債利払いにともなう事務の遂行や、政府の代理として為替市場への介入を行っている。

発券銀行　　日銀は、国内唯一の発券銀行として日本銀行券の発行および管理を行っている。かつては銀行でさえあれば紙幣を発行していたが、現在では中央銀行である日銀が紙幣の発行を独占している。

1.3　金融システムの維持

日銀の目的には、金融システムの安定がある。そのために日銀は民間金融機関に対して日銀特融などを行う。日銀特融とは、日本銀行が金融システムの信用維持を目的として、日本銀行法にもとづき、内閣総理大臣や財務大臣の要請によって、資金不足に陥った金融機関に対して無担保・無制限に行う特別融資のことをいう。金融機関にとって、最後の頼みの綱であることから、「最後の貸し手（ラスト・リゾート）」といわれる。

現代ではすべての金融機関がネット（日銀ネット）で結ばれ、即時決済が行われている。もし、このうちの1機関でも経営危機に陥ると決済機能全体が麻痺し、すべての金融機関に悪影響を与え、全体として金融システムが危機に陥る可能性が生じる。これを避けるため、日銀は日銀特融などの手段で、最後の貸し手としての機能を果たすのである[5]。

---

5) 2003年12月25日未明に「佐賀銀行が潰れるそうです」というチェーンメールが広がり、同日の営業開始時間から取り付け騒ぎが発生した。これは前日に銀行の対応に怒った若い女性が「こんな酷い対応では、潰れるに違いない」というメールを友達に送ったところ第三者へと次々に流布したものであった。

　このとき日銀は、数台の輸送車で佐賀まで現金を運んだが、あえて人目につくよう高速道路を通り、その光景をテレビ局が中継したことにより、「佐賀銀行は潰さない」という日銀の強い決意が人々に伝わり、事態が収拾された。

2 金融政策の手段

日銀の金融政策の手段として、かつては公定歩合操作もあったが、今日では公開市場操作と預金準備率操作の2つがある。とくに近年は、公開市場操作が最も多く使われている。日銀が直接コントロールできるのは、ハイパワードマネー（ベースマネーもしくはマネタリーベース）であるが、公開市場操作によって操作している。

また、政府の代行として為替市場に介入し、外貨（主に米ドル）を購入（ドル買い円売り介入）したり売却（ドル売り円買い介入）したりする。

2.1 日本銀行勘定

日銀の貸借対照表は、図表11-1のように示すことができる。具体的な金融政策の手段についてみる前に、日銀の各勘定をみながら整理しておこう。

日銀勘定の借方である資産の部には、①債券・手形等、②長期国債、③日銀貸出と④対外資産がある。このうち、①と②が公開市場操作に関連するものであり、③が基準割引率および基準貸付利率に関連する。また、外国為替市場への介入は④に関連する。対外資産の中心は米ドルであるが、取得した米ドル通貨は、主にアメリカの国債で運用している[6]。

次に、貸方である負債には、①日本銀行券、②預金準備金、③政府預金が

図表11-1　日本銀行勘定

日本銀行勘定

（借方）	（貸方）
①債券・手形等	①日本銀行券
②長期国債	②預金準備金
③日銀貸出	③政府預金
④対外資産	

ある。このうち①と②の合計が、ハイパワードマネーである。公開市場操作によって、ハイパワードマネーの量を増減させる。

　政府の銀行である日銀は、政府の資金を③政府預金として預かっており、政府が行う財政政策も③と関連している。つまり、租税や国債発行によって政府が受け入れた資金は、政府預金の増加要因であるが、政府の各種の支出（そのなかには財政政策による支出も含まれる）は政府預金の減少要因となる。

2.2　公開市場操作

　日銀の金融政策手段の中心となるのは、公開市場操作である。一般に、公開市場操作とは中央銀行がオープン市場で、債券などの短期金融商品の購入・売却を行うことで、金融機関の保有する準備預金[7]の増減をもたらす操作をいう。なお、日本においては、日銀はオープン市場よりもインターバンク市場におけるコールおよび手形市場での操作が中心となっているので、オープン市場とインターバンク市場を含めた広い意味での市場操作を行っている。

買いオペ（金融緩和）　　日銀が銀行などから手形などを買う操作（オペレーション）を買いオペという。日銀が手形などを買い、資金を供給（購入先の銀行などの準備預金に資金を振り込む）するので、ハイパワードマネーが増加する。

　景気の低迷で企業などの貸出需要が減って（預金通貨が減少し）マネーストックが少なくなったときや、金融情勢が不安定であるといった理由で銀行が資金供給を渋り、マネーストックが少なくなったときに行われる。

　ハイパワードマネーが増えることで、マネーストックを増加させたり、金

---

[6]　日本以外の中央銀行では、金や米ドル以外の通貨（ユーロ、英ポンド、スイスフラン、なかには中国人民元）を準備通貨として保有している。
[7]　ハイパワードマネーは現金通貨と準備預金の合計であることから、準備預金の増減はハイパワードマネーの増減と同じことになる（⇒第10章3.1）。

利を下げたりする効果がある。マネーストックが多くなることで金融機関は資金調達が容易になり、その資金を企業や個人に供給しやすくなるため、金融緩和の効果が期待される。

売りオペ（金融引締め）　日銀が銀行などに、国庫短期証券などを売る操作を売りオペという。売却代金が銀行などから日銀に支払われる。すなわち、準備預金から売却代金が引き落とされるので、ハイパワードマネー（マネタリーベース）が減少する。

景気が過熱して企業などの貸出需要が増大し（預金通貨が増加し）、マネーストックが過大になったときに行われる。

ハイパワードマネーが減ることで、マネーストックを減少させたり、金利を引き上げたりする効果がある。マネーストックの増加が抑制されることで金融機関は資金調達が難しくなり、資金を企業や個人に供給しにくくなるため、金融引締めの効果が期待される。

オペレーションの種類　具体的には、次のような操作（オペ）が行われている。

- **手形オペ**…日銀が、インターバンク市場である手形市場で、銀行などが振り出した手形を購入したり、日銀が自ら振り出した手形を売却したりする。
- **国庫短期証券オペ**…国庫短期証券（T-Bill）とは、発行から償還までの期間が1年未満の短期の国債である。短期金融市場における最も主要な債券となっている（⇒第6章2.2）。
- **CPオペ**…1989年から、日銀はCP市場において買いオペを行っている（⇒第6章2.5）。
- **長期国債オペ**…銀行などが保有する債券のうち、10年物国債を中心に買いオペを行っている。長期国債の買いオペは、成長通貨の供給手

段と位置づけられている。成長通貨とは、経済の成長により経済の規模が拡大した分、経済にとって必要な通貨量も増えるが、この増加分の通貨のことをいう。なお、中央銀行が成長通貨を供給することは、景気や物価に対して中立的と考えられている。

2.3 預金準備率操作

　預金準備率操作（支払準備率操作）とは、中央銀行が行う金融政策の1つで、預金準備率の比率を変更することをいう（⇒第10章3.1）。一般に預金準備率操作では、その率を操作（上げ下げ）することによって、金融機関の資金コストをコントロールすることを狙っている。

　たとえば、預金準備率が引き上げられると銀行などは同じ預金量に対して多くの準備金を積み増ししなければならないため、そのための資金をコール市場や手形市場から調達する必要が生じる。当然、調達してきた資金は借入金利を支払うのに対して、預け先である日銀当座預金は無利子である。よって、預金準備率の上昇は金融機関のコストを増大させることになる。

　また、多くの金融機関がコール市場などで資金調達を増やすので、コールレートや手形レートの上昇を招く。この結果、企業などへの貸出資金を調達するために必要なコストが増え、貸出金利が上昇する。このように、間接的に金融機関の貸出資金量を調整することで、過熱した景気を抑制する効果があると期待される。

　ただし、日本においては、預金準備率の変更は金融機関の収益に直接的な影響を与えるので、ほとんど行われない[8]。

---

[8] 欧米先進国でも一般には預金準備率操作は行われず、「教科書のなかにのみ存在する」と揶揄されていた。しかし、20世紀末から21世紀にかけて、アジア太平洋の発展途上国が経済発展の過程で預金準備率操作を行う事例がみられるようになった。また2008年の世界金融危機では、先進国でも預金準備率操作（引下げ）が検討あるいは実施された。

2.4　基準割引率および基準貸付利率

基準割引率および基準貸付利率とは、日本銀行が民間銀行へ貸付けや手形割引を行うとき、適用される基準金利である（⇒第7章2.3）。

かつては公定歩合といわれ、日銀の金融政策の要であり影響力が強いものであった。1994年までは、政府・日銀の政策によって日本における市中銀行の貸出金利および預金金利は、公定歩合と連動するよう規制されていた。そのため、公定歩合を変動させることは日本の市中金利を変動させることと等しく、日銀は公定歩合操作で金利をコントロールすることができた。

しかし、1994年10月に、民間銀行の金利が自由化され、公定歩合を利用して金利を操作することはできなくなった。この後、日銀の金融政策の主要な手段は、公定歩合操作から公開市場操作に替わった。

2.5　金融政策の波及経路

中央銀行が金融政策の最終目標とするものは、「物価（通貨価値）の安定」と「金融システムの安定」および「雇用の安定」である。しかし、中央銀行は直接には最終目標をコントロールすることができない。

図表11-2のように、中央銀行が直接的に公開市場操作でコントロールできるのは、マネタリーベースである。この2つの操作目標をコントロールすることによって、貸出金利とマネーストックを間接的にコントロールし、結

図表 11-2　金融政策の波及経路

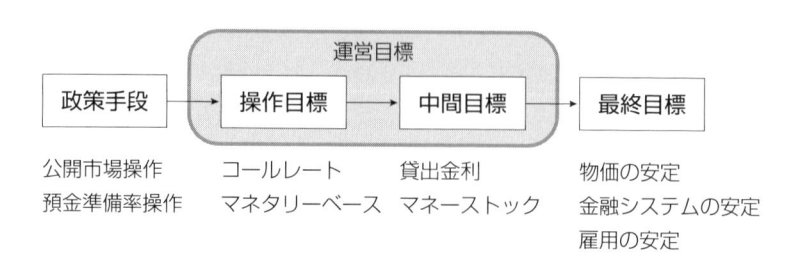

政策手段	操作目標	中間目標	最終目標
公開市場操作 預金準備率操作	コールレート マネタリーベース	貸出金利 マネーストック	物価の安定 金融システムの安定 雇用の安定

（操作目標と中間目標は「運営目標」）

果として最終目標である物価の安定、金融システムの安定、雇用の安定を達成しようとするものである。

3　日本銀行の金融調節

　貨幣乗数アプローチ[9]によると、中央銀行は金融政策の手段を使ってハイパワードマネーを増減させることにより、マネーストックを安定的にコントロールできることになる。ところが、現実には、必ずしもこうしたメカニズムでマネーストックが決定されるわけではない。

　その理由の1つとして、現在実際に行われている準備預金制度のもとで、日本銀行がハイパワードマネーを能動的にコントロールしていないことがある。これを理解するには、日本銀行の金融調節が、実際にはどのように行われているかをみる必要がある。

3.1　準備金の変動要因

　日本銀行の金融調節とは、現行の準備預金制度のもとで日本銀行による信用の供与や回収を通じて、商業銀行など市中金融機関の準備預金を調節することである。すでに説明したとおり、銀行は顧客から預金を預かると、その一定割合を日本銀行に開設している口座に預けなければならない。これが市中金融機関の準備預金である日本銀行当座預金である。この日銀当座預金の増減が、ハイパワードマネーの変動につながる。

　そこで、まず日銀当座預金が変動する要因を整理しておこう。

金融機関と家計・企業の間での現金流入　　金融機関は手持ちの現金準備を、通常は最小限に圧縮しているので、家計・企業が銀行から預金を引き出す（日本銀行券の流出）と準備預金は減少し、預金を預け入れる（日本銀行券の

---

9)　マネーストックは、ハイパワードマネーの貨幣乗数倍として決定されるという考え方のことを貨幣乗数アプローチという（⇒第10章4.1）。

還収)と準備預金は増加する。

政府と家計・企業間での財政資金の支払い・受取り　政府が税金を受け取る場合（財政資金の受取り）、家計や企業は銀行から預金を引き出すので準備預金は減少する。

　一方、公共投資の資金が政府から民間企業に支払われる（財政資金が支払われる）と、その資金は企業が開設している取引先銀行の預金口座に振り込まれるので、預金が増えて準備預金も増加する。

日本銀行から金融機関への信用供与　買いオペや日銀貸出のかたちで、日銀から市中金融機関に信用が供与されると、その資金が振り込まれるので準備預金は増加する。逆に売りオペなどで日銀信用が回収されると、その資金が引き落とされるので準備預金は減少する。

市中金融機関相互の資金決済　銀行など市中金融機関が互いに資金をやり取りする場合は、日銀ネットを使用して互いの準備預金から振込みや引き落としを行う。したがって、各金融機関の準備預金は増減するが、全体としてみれば個々の資金決済は相殺される。このことから、全体の準備預金の変動をみるときは、このケースは省かれる。

3.2　資金需給式

　市中金融機関全体の準備預金残高の変動は、上述の3つの要因の結果として生じる。これを準備預金の増減額ベース（フローベース）で示したものが次の資金需給式である。

　　　　準備預金増加（減少）＝日本銀行券の還収（発行）
　　　　　　　　　　　　　　＋財政資金の支払い（受取り）
　　　　　　　　　　　　　　＋日本銀行信用の供与（回収）

この資金需給式において、日銀券の還収（発行）と財政資金の支払い（受取り）の合計を、資金過不足とよぶ。資金不足（準備預金減少）の場合には、短期金融市場の需給が引き締まり、資金余剰（準備預金増加）の場合には、短期金融市場の需給が緩和される[10]。

3.3　金融調節の実態

　資金過不足に対する金融調節には、①短期金融市場の需給変化をならして安定化を図る受動的調節と、②短期金融市場の需給変化を主導的に作り出す積極的（能動的）調節がある。

　現行の預金準備率制度のもとで、市中金融機関は期日までの間に所要とされる準備預金の金額を積み立てなければならない。短期金融市場における需給が緩和状態ならば各市中金融機関は余裕をもって積み立てられるが、需給が逼迫している状態では積立てが難しくなる。

　ところで、公務員や企業の従業員の給料日は決まっており、その日は人々が預金を引き出すので資金不足となる。また、公共投資の資金が政府から民間企業に支払われる期日には、短期金融市場は資金余剰状態になる。このように過去の経験などから、日々の資金過不足は日銀によって予測されている。

　そこで日銀は、資金過不足をほぼ相殺するようなかたちで日銀信用の回収・供与を行っている。すなわち、短期金融市場が緩和的な状態ならば回収を行い、引き締まっていれば供与を行うのである。その意味で、日本銀行の金融調節は受動的調節である。

　これは先の資金需給式で示される各項目が、実際にどのように変動したかを示す資金需給実績表で確認できる。日銀は、それぞれの期において、資金過不足をほぼ相殺するかたちで日銀信用の供与・回収を行っている。その結果としてハイパワードマネーの変動は、資金需要に対応して受動的に行われている。

---

10)　2001年3月に、日銀は量的金融緩和政策へと政策転換した。このことから、資金需給式は当座預金増減要因式へと変わった（⇒第11章4.2）。

3.4 準備預金の積み進捗率調整

　日銀は、積立期間中を通じて超過準備がゼロになるように金融調節を行っている。したがって、積極的調節は不可能となる。そのような状況下においても、日銀がとりうる積極的な調節とは、準備預金の積み進捗率の調整である。

　準備預金の積み進捗率とは、ある時点における準備預金残高の累積値が、期日に求められる所要額の積み数に対して、どのくらいのペースで積み立てられているかを示す比率である。準備預金の積み増しは、毎日均等に積み立てられていくとはかぎらないのである。

　日銀は、短期金融市場、とくにコール・手形市場の資金需給を引き締めて、コールレートや手形レートを上昇させたい場合には、その日の資金不足に対して必要な信用供与を全額供与せず少なめにする。すると、準備預金の積み進捗度を遅らせることができる。積み進捗度が遅くなれば、各市中金融機関は高いコールレートを支払ってでも資金を調達し準備預金を積まなければならなくなり、よって資金需要が高まりコールレートや手形レートが上昇しやすくなる。

　反対に、短期金融市場の資金需給を緩和させてコールや手形レートを引き下げたい場合には、日銀は準備預金の積み進捗度を早めるため、信用の供与を多めにするよう金融調節を行う。すると各金融機関は、無理に高いレートを支払ってまで資金調達を行う必要がなくなるので資金需要が減り、コールレートや手形レートが下落しやすくなる。

4　非伝統的金融政策

　金融や経済の情勢によって、日銀は金融政策の状況を変化させてきた。とくにバブル崩壊以降は、伝統的金融政策ではない次の金融政策を行っている。

図表 11-3　日本銀行のゼロ金利政策

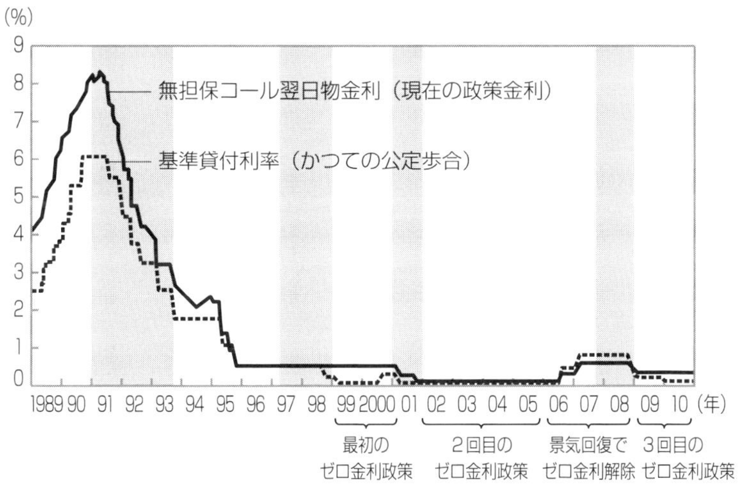
(%)
9
8
7
6
5
4
3
2
1
0
無担保コール翌日物金利（現在の政策金利）
基準貸付利率（かつての公定歩合）
1989 90 91 92 93 94 95 96 97 98 99 2000 01 02 03 04 05 06 07 08 09 10 (年)
最初の
ゼロ金利政策
2回目の
ゼロ金利政策
景気回復で
ゼロ金利解除
3回目の
ゼロ金利政策

出所：日本銀行ホームページより。

4.1　ゼロ金利政策

金融政策の運営目標の 1 つは利子率のコントロールである。日銀はコール市場における短期金利を低めに誘導することで、長期金利も低下させ[11]、企業の設備投資活動を活性化しようとしている。このため、バブル崩壊後の長引く景気低迷下、日銀の相次ぐ金利低下誘導のため、日本の金利は歴史上なかったほどの低水準となった。

その結果、1999 年には日銀はゼロ金利政策を行うこととなった（図表 11-3）。潤沢な資金供給を行い、コールレートのオーバーナイト物[12]が 0.03%

11)　すなわち、短期金利が低くなると、短期金利で借りた資金を長期金利で運用して利ざやを稼ぐ取引（具体的には、短期金利先物売り・国債先物買いの裁定取引）が行われる。結果として、短期金利が下がると長期金利も下がる（⇒第 9 章 2.3）。

12)　コール市場での資金取引の代表的な形態は、無担保で借りて翌営業日には返済するもので、無担保翌日物（オーバーナイト物）という。この取引で適用される金利がオーバーナイト・レートである。

から 0.02% 程度まで低下することとなった。コール市場を仲介する短資会社の仲介手数料を差し引くと、オーバーナイト・レートは、事実上ゼロとなる。このことからゼロ金利政策といわれるようになった。

また、2006 年には日銀は公定歩合に関する統計の名称変更を行い、今後は公定歩合という名称は使わず、基準割引率および基準貸付利率とよぶことを発表した。

4.2 量的金融緩和政策

量的金融緩和政策とは、金利の引下げではなく中央銀行にある各銀行の当座預金（預金準備）残高量を拡大させることによって金融緩和を行う政策をいう。これは、日本が世界で最初に行った政策である。

日本の量的金融緩和政策　バブル崩壊以降の日本経済は、慢性的な円高の進行や賃金の低下などの影響でデフレに陥った。すでにゼロ金利政策で日本の短期金融市場の金利（名目金利）がゼロまで下がっていたため、実質金利を引き下げる手立てがなくなったためにとられた政策であった[13]。

具体的には銀行のもつ債券などを日銀が購入（買いオペ）して、その代金を各銀行の日銀の当座預金（預金準備）に積み増しする。すると、銀行は無利子の日銀当座預金を大量に保有することになる。これをそのままにすれば収益機会を見逃すことになるので、この資金を貸出しや株式の購入、土地な

---

[13]　たとえ借り入れるときの金利（名目金利）がゼロであっても、デフレで物価がマイナスであるならば、実質的に物価が下がった分だけ金利負担が増える（実質金利）。この関係は、次のフィッシャー式で示される。

　　名目金利＝実質金利＋期待インフレ率

　この式によれば、たとえばゼロ金利で資金を借り、1 年後に物価が 2 ％下落していた場合、銀行から無利子で 100 万円を借り入れて買った資産が、1 年後には 98 万円でないと売却できないことになるため、金利負担はゼロでも、経済的実態において 2 万円の金利を支払うのと同じ効果があったことになる。

どへの投資に使うはずだと考えられたのである。当時、貸し渋り・貸し剝がしによって、ハイパワードマネーは増加してもマネーストックが増加しないこと(貨幣乗数の減少)への対応策であった(⇒第10章4.3)。

その後、日銀の購入資産の対象が、伝統的な債券・手形のみならず、上場投資信託(ETF)[14] や上場不動産投資信託(REIT)[15]にまで広がっていった[16]。

日本銀行当座預金の増減要因　量的金融緩和政策によって、金融政策の操作目標がコールレートから日銀当座預金へと変更された。そのため、従来の資金需給式は、次の日銀当座預金増減要因式に変わった。

　　　　日銀当座預金増加(減少)＝日本銀行券の還収(発行)
　　　　　　　　　　　　　　　　＋財政資金の支払い(受取り)
　　　　　　　　　　　　　　　　＋日本銀行信用の供与(回収)

両者の相違は、準備預金が日銀当座預金に変わったことである。

アメリカのQE　その後、リーマンショック後のアメリカにおいても、QEⅠ(キューイーワン)、QEⅡ、QEⅢといわれる量的金融緩和政策がとられた。これはリーマンショック後の金融危機によって、アメリカにおいても

---

14) ETF(Exchange-Traded Fund:上場投資信託という)とは、取引所に上場され株式と同じように取引される投資信託のことで、日経平均株価などの指数や、外国為替・金などの資産の価格に連動するよう作られた投資信託である(→第6章5)。

15) REIT(Real Estate Investment Trust:上場不動産投資信託)とは、広く投資家から集めた資金を、ビルなどの不動産に投資する投資信託で、ETFと同じように取引所に上場され取引される。とくに、日本の国内法にのっとった日本版REITをJ-REITとよぶ。

16) 海外では、銀行は株式などの価格変動資産への投資は行っていない。ところが、直接金融までも内包している日本の間接金融体制では、銀行が株や不動産などの価格変動資産への投資を行っていた(⇒第12章3.1)。このため、日銀は銀行が保有していたETFやJ-REITも買いつけたのである。

銀行などの貸出しが減少し、供給されるハイパワードマネー増加に対して、マネーストックが増えない事態（貨幣乗数の低下）への対策であった。

　量的金融緩和政策の効果については疑問も呈されている。また、余った資金が実物経済に流れず、金融市場に流れ込み、金や原油価格の上昇によるバブルを招いたという副作用も指摘された。また途上国からは、先進国通貨価値の低下・途上国通貨価値の上昇を招いたという批判も続いている。

第12章
日本の金融と政策の歴史

　第2次世界大戦で国土が荒廃した日本の課題は復興であった。復興のために、政府を中心に資源や資金の政策的な配分を実施してきた。そのため、戦後の金融史は、日銀の金融政策を含んだ政府の政策の変化の歴史ともいえる。

1　金融システム

　第2次世界大戦後から1989年までの米ソ冷戦下における経済システムに関しては、国によってさまざまのニュアンスがあるが、その資源（資金）配分メカニズムの違いによって2つに大別される。

① 　強大な権力をもつひと握りのエリートがすべての計画を決定する社会主義経済システム
② 　市民の参加による自由市場メカニズムに資源配分を委ねる市場経済型システム

　①の代表は1991年に崩壊したソ連、②の代表はアメリカである。
　米ソ冷戦の間、アメリカ陣営に位置していた日本であったが、経済・金融システムについては、市場メカニズムのなかで資源の政策的優先配分方式を取り込んでいた。これを政府・日銀は混合経済システムとよんでいた[1]。

1.1 市場経済型システム

　市場経済型システムにおいては、あらゆるものについて、その経済価値を反映した価格が形成されることを前提としている。原材料・機械設備・労働力・各種の商品やサービス、技術・アイデア・ノウハウなどの知的財産、経営者や技術者・ブランドネーム・マーケットシェア、あるいはこれらの諸々の経営資源の集合体である企業そのものに至るまで、すべてのものを市場で売買することが可能である。

　そして、市場価格さえ受け入れる用意があれば、誰でも、いつでも市場で取引を行うことができる。個人や企業の私有財産である労働力や技術・製品や商品・不動産や有価証券を、いつでも適正な価格で売買できるような市場を育成・維持していくことを重視している。

1.2 日本の混合経済システム

　日本が混合経済システムをとった理由には、戦後、速やかに経済を立て直すため、また金融システムを構築するうえからも、国がある程度関与しながら資金を配分することが急がれたという事情がある。

　終戦後、日本は資金が決定的に不足していた。そこで国策（輸出によって外貨を稼ぐ）として重要だと考える産業や企業に優先して資金を提供し、成長させるという方法をとった。そのために間接金融機関を保護育成して（護送船団方式）、さらに人為的低金利政策によって資金が銀行を通して個人から企業に低利で流れるようにした。

　一方、金融機関は貸付けだけではなく、企業が発行する株式を積極的に引き受けた。その株を長期保有することによってメインバンクや安定株主として政策目的のために企業のバックアップをしてきた。

　たとえば、アメリカのような市場経済型システムのもとで市場によって資

---

1) しかし、「実態は社会主義ではないか」という意見もみられた。ベルリンの壁崩壊時（1989年）において、東欧の経済学者からは「東欧は失敗した社会主義、日本は成功した社会主義」などと評された。

金を配分すれば、資金配分はいわば生産性の高い企業に流れる。しかし、当時の日本で重視されていた輸出産業などに資金が回らなくなる可能性があった。当時は限られた資金を、国策として輸出産業へ重点的に配分することが優先された。

そして、政府・日銀の監督下にある銀行などに優先的に資金融通する行政指導が広がっていった（⇒第12章3.1）。このような行政主導の金融システムは、高度経済成長の達成に大きく貢献した。

1.3 高度経済成長時の金融の特徴

高度経済成長時代の金融を象徴するキーワードとして、オーバーボローイング、オーバーローン、資金偏在、金融の非国際化があげられる。

- **オーバーボローイング**…借り手として大きな割合を占めた法人企業の資本構成が、自己資本の過少・他人資本の過大の状態であることをいう。
  高度経済成長期においては、企業の成長率が（人為的に低い）金利を上回り、借入資金によっても事業拡大を図る方式（レバレッジ効果）がとられた（⇒第9章4）。
- **オーバーローン**…金融機関のなかでも（旧財閥系）大手銀行において、恒常的に貸出総額が受け入れた預金総額を上回っていたことをいう。企業の旺盛な資金需要に対して、大手銀行の融資業務が拡大していたことを意味している（これがメインバンクシステム成立の大きな要因である）。
- **資金偏在**…大手金融機関（主に都市銀行）が貸出超過のため資金が常に不足し、他の金融機関からの借入れ（コールマネーや日銀借入金）に依存する一方で、地方銀行・信用金庫などは、ほぼ恒常的にコールローンなどで資金を貸し付けていた状態をいう。
- **金融の非国際化**…為替が厳重に管理され、日本と海外との間で資金の移動が自由に行われていなかった。高度経済成長期の日本では旺盛な輸入需要が見込まれ、恒常的な貿易赤字の体質であったため、外貨の確

保が重要な政策課題となった。金融引締めも外貨不足懸念のため発動されることが多かった。資本取引[2]は原則禁止であり、資本移動に関しては、高度経済成長期の日本は事実上、金融に関して鎖国状態であったといえる[3]。

1.4 日本の金融の特徴

このような歴史的背景から、現代の日本の金融においては、次のような特徴が残っているといわれる。

- **間接金融の比率が高い**…日本は欧米と比べて企業などの資金調達において直接金融より間接金融の比率が高い。これは、企業と銀行とのリレーションシップ（普段からの関係）が強いということを意味する（旧財閥系や銀行系という銀行中心の系列が存在した）。
- **相対取引の比率が高い**…銀行とのリレーションシップの強さが、直接金融市場の発達を遅らせた。売り手と買い手は市場を通さず、当事者間で直接取引をする相対取引の比率が高くなった。
- **金利は人為的に低利で、政府・日銀の影響が大きい**…日本の企業が海外企業との間で競合しえるよう、政府・日銀の政策の一環として、金利を恒常的に低く保った。とくに、債券市場が未発達な高度経済成長期においては、日銀の公定歩合が金利に強い影響を与えた（⇒第12章3.3）。

---

[2] 国際間の取引のうち、直接投資（工場や店舗の建設を含む）や証券投資（株式・債券への投資や企業の買収）など対外資産・負債の増減をもたらす取引をいう。個人が行う外国為替の先物取引である FX 取引（外国為替証拠金取引）も含む。

[3] 貿易などの決済のための取引は自由化されているが、資本取引は厳重に管理されている状態は、現在の中国と同じである。

2 債券市場

　日本の金融経済システムは、時代とともに大きく変化している。とくに大きな歴史的要因として、オイルショックと市場の管理・規制の撤廃すなわち金融の自由化・国際化があげられる。時期的には 1970 年代後半であるため、1975 年を起点に 2 つに分けて、金融市場についてみていく。

2.1 発行市場

　この時代は日本経済全体に資金がなく（小資本）、政府は経済の立て直しのために重要と考えられる産業・企業に、優先順位をつけて起債（債券発行による資金の調達）を認めた。これを起債調整というが、日銀・大蔵省（当時）・銀行・証券会社という構成団体からなる起債調整懇談会（名称はしばしば変更された）という組織が行っていた。

　起債調整の時代は低金利政策のため、利回りの点で債券は金融機関にとって魅力のある金融商品ではなかった。そこで日銀は、その魅力不足をカバーするために、起債調整をした債券の一部を日銀買いオペの対象とした。オペ対象となった債券は、利回り面からは魅力が薄いにもかかわらず、制度上の観点から金融機関が買うことになった。

　起債調整の対象となった債券は公共債・事業債の 2 つで、金融債は起債調整の対象にはならなかった。起債調整が行われた公共債・事業債のうち、起債調整懇談会は公共債を優先的に発行させた。

　優先度が低かった事業債は、制限されたなかでの発行にとどまった。事業債を起債調整するための直接的な手段として、社債格付けが利用された。すなわち、この社債格付けが政策上の資本分配の道具として使われ、事業債のうち電力債に代表される公共的性格の強い特殊事業債が、優先的に発行された。残った一般事業債は、発行企業が銀行に対して見返り預金や取引を拡大するといった手法で、計画的に買い手をみつけ債券を発行するという方法で発行された。

2.2 流通市場の特色

　この時期の流通市場は、機能不全の状態に置かれていた。1956年から開始された公社債の取引所取引も不振で、店頭取引のための単なる値付けあるいは目安としての性質が強く、市場として十分な機能を果たしていなかった。

　アメリカでは、長期金利は国債の流通市場で決まる。投資家が経済情勢や中央銀行であるFRBの動きをみながら国債を売買し、市場で決定される。

　それに対して、短期金利はFRBの金融政策が大きな影響力をもっている。したがって、市場で決まる長期金利とFRB影響下の短期金利が綱引きをして、米ドルの金利が決まっていくのである。

　しかし、日本では国債など債券の流通市場が事実上なかった。このため、市場からの影響がない状況で、日本の金利は日銀の金融政策、とくに公定歩合操作でほぼ決まっていった。

2.3 利回り構造の特色

　利回り構造とは、利回りの状況をいう。この時期の利回り構造は、政策的に狭い範囲のなかに貸出金利や借入金利が凝縮された状態にあり、四畳半金利体系といわれた。債券の発行市場における市場の起債調整と、流通市場がほとんど存在しない状態は、凝縮された規制金利を、狭い範囲で政策的・固定的に押し詰めるという体制に大きな役割を担った。

　政府が重要だと考えた産業に低金利で資金を流通させ、その産業の国際競争力を高め、日本の経済全体の発展に寄与するという意味で、起債調整は国策として「もっていきたいところにお金をもっていくための手段」として金利調整の前提条件となっていた。

　そして、これらの金利は日銀の公定歩合に連動していた。オーバーローン、すなわち常に資金不足にあった都銀などの大手銀行が、日銀からの貸出しに頼っていたことも原因としてあげられる。四畳半金利体系のもと、日銀が公定歩合を上げれば、貸付金利・預金金利をはじめ、諸債券の利回りなどすべての金利が連動して上がり、公定歩合を下げればすべての金利が連動して下

図表 12-1 債券の利回り構造（昭和 35 年）

(%)

9.27	長期貸付利率	7.301	公共債利回り
8.723	事業債発行コスト	6.432	国債利回り
8.202	電力債	6.33	普通銀行預金コスト
8.00	全国銀行 貸付利率	5.50	銀行預金利率
7.484	事業債利回り	5.00	公定歩合
7.410	金融債利回り		

資料：大蔵省（当時）資料より筆者作成。

がったのである。

　表12-1をみてみよう。まず、銀行が一般の預金で調達するコストで、リスクが高い一般企業への貸出金利との利ざやが一番大きく、リスクが低いとされる国債の利回りとの利ざやが一番小さい。各債券との利ざやは債券のリスクに見合った利ざやとなっている。

　もし、債券の利回りが流通市場で決まるならば、債券利回りが下がって逆利ざやになる可能性もある。しかし、当時の日本には債券の流通市場が事実上存在しなかった。そのため、銀行は逆利ざやのリスクがなく、確実に利ざやを得ることができる仕組みとなっていた。これが銀行などの金融機関を経営破綻させないことに貢献したといえる。

3　株式市場

　株式市場（発行市場）において、株式会社は株式を追加発行して資金を調達し、資本を増加させる（増資という）。そのため、株式会社にとって株式市場は重要なファイナンスの場であり、債券市場と並ぶ直接金融の中心となる市場である。

　また、個人投資家にとって株式市場（の流通市場）は、高いリスクがある

ものの高い収益率と、いつでも換金できる高い流動性のある市場であった。リスクが高いとは、株価が上がったり下がったりする価格変動リスクがあることで、預金などよりも高いリスクを覚悟して運用すれば、高い収益率が期待できる。

事実、日本の株式市場は大きな収益率をあげた。第2次世界大戦のために閉鎖されていた東京証券取引所が1949年に再開してから、バブルの頂点となった1989年までの40年間に（もちろんインフレの影響もあるが）、主要な株価指数である日経平均株価[4]は350倍以上に上昇した（複利で年16％弱の収益率となる）。

3.1 間接金融優位

すでに説明したように、日本の戦後の復興は、金融については銀行など間接金融が中心であった。したがって、資金は銀行などの間接金融機関に集まった。しかし企業は、一般の銀行から借りるような短期資金だけでは成り立たない。土地を買ったり工場を建設したりする設備投資には、長期の資金が必要である。

そこで、日本ではもともと長期資金を提供する生命保険や信託銀行のほかに、長期資金を提供する特別な銀行（長期信用銀行[5]）を、それまであった銀行を改変して設立し、返済期間が長い長期資金を提供した。また、企業が発行する社債も、前節でみたとおり制限されていたが、銀行が主に買い取っ

---

[4] 日経平均株価とは、日本の株式市場で最も有名な株式指数とされている。一般に、日経平均株価が上昇すると日本の景気が良くなっていること、下落すると日本の景気が悪くなっていることを示すと考えられている。東証再開時から、日本経済新聞社が当時の主要な225社を選び、額面発行増資などを調整して発表している。

[5] 1952年の長期信用銀行法の規定により、改変・設立された日本興業銀行、日本長期信用銀行、日本不動産銀行（1977年に日本債券信用銀行に改称）をさす。
　1990年代にバブルが崩壊し、2000年頃までに長銀と日債銀が破綻し、それぞれ新生銀行とあおぞら銀行となり、興銀は富士銀行と第一勧業銀行と合併してみずほファイナンシャル・グループに再編成された。

ていた。これによって、人々から集めた短期の資金を、長期の資金として企業に提供したのである[6]。

しかし、企業は返済義務がない自己資本の調達、すなわち株式の発行による資金調達が必要だった。そのため、企業が発行する株式を銀行が取得して資金を提供し、株主となった。本来、自己資本を調達するべきは、直接金融によってである。しかし、直接金融を発達させなかった戦後の日本においては、銀行などの間接金融機関にも株式を保有してもらうことで、企業は株式による返済業務のない資金のファイナンスを行った。

上場会社にとっては、銀行が短期だけなく長期資金の供給先であり、かつ株主になった。銀行は保有している株式を簡単には売らない。こうして、銀行は企業にとっての安定株主[7]となった。また、借入れの際には審査が行われ、借入れ後もモニターが行われる[8]ことから、企業にとっての経営アドバイザーにもなっていった。

これが日本独特のケイレツ（銀行系ケイレツ）となった。しかし、バブル期における銀行離れと、バブル崩壊時における銀行の合併で、銀行系ケイレツは崩れていった。

国際的にみて、銀行が株式を保有することはふさわしくないこととされている。しかし、当時の日本では、資金を銀行などの間接金融機関に集中し、政府の産業政策によって傾斜的に配分していく方針であった。そのため銀行が株式を保有する必要が、政府にも銀行にも上場会社にもあった。

なぜ、銀行が株式をもつことがよくないのか。銀行は個人などから確定利付きの預金で資金を集めていたため、運用も確定利付きである国債などの保

---

6) 銀行の流動性創出機能である（⇒第5章4.3）。
7) 企業の株主のうち、その企業の業績や株価などの日先の動きには左右されず、長期に株式を保有する株主のことを安定株主という。その企業の経営者や従業員持株会、金融機関（主にメインバンク）や取引先企業などが安定株主にあたる。企業にとって、事業の成長を考えるうえで、経営の安定化は不可欠であり、その条件の1つに安定株主が必要とされている。敵対する可能性は低く、むしろ現経営陣を支持する傾向が強い。
8) 審査とモニターとは、銀行の情報の生産機能である（⇒第5章4.4）。

有や、確定利付きでの企業への貸出しにすべきと考えられるからである。もし、銀行が株式を保有して株価が下がると、銀行経営が破綻する恐れがあると考えられた[9]。

3.2 額面発行増資

　価格変動リスクがある株式を銀行に保有させるためもあり、企業が増資するときの手法として、株主割当てによる額面発行増資が行われた。この方法ならば、銀行の帳簿価格が額面価額に統一され、現実の株式市場（の流通市場）における、株価の価格変動リスクを遮断できたのである。

　現在、企業の増資は、公募によって行われる。すなわち、公に広く募集が行われるので、企業が追加発行する株式を欲しい人は、（売り切れなければ[10]）誰でも買うことができる。

　公募に対して、1960年代以前の日本においては、株主割当てによる増資が通常であった。すなわち、増資が行われる前に株主になっていないと、増資を受けられなかった。

　簡単な数値例でみてみよう。B君はC社の株を2,000株保有している株主だとしよう。現在、株式市場で400円の時価をつけている。このとき増資の期日（3月末が多かった）において、1：1の株主割当による額面発行増資が行われたとする。

　すると、1：1の場合では、2,000株の株主であるB君は、C社が新しく追加発行する株式2,000株を、時価400円ではなく、1株額面金額で取得することができる。よってB君は10万円（＝50円[11] ×新株2,000円）を新規に払い込むことによって[12]、新株2,000株を取得して、4,000株の株主になる。ただし、翌日の株価は225円[13]になる。これを権利落ち価格[14]という。

---

9)　この懸念は、1990年代のバブル崩壊期に現実のものとなった。
10)　実際に企業の増資株は、人気が高い銘柄もあれば、人気がない銘柄もある。人気がないときは、証券会社が引き受ける（⇒第8章2.1）。人気が高いときは、証券会社において抽選が行われる。

次に、銀行にとっての、株主割当による額面発行増資についてみてみよう。

たとえば、C社の株式を10万株もっているD銀行があったとしよう。1：1の株主割当による額面発行増資が行われると、D銀行は500万円（額面50円×10万株）を払い込み、20万株の株主になる。銀行にとってのC社株の取得単価は50円である。

また数年後、C社が1：1の株主割当による額面発行増資が行われると、D銀行は1,000万円（額面50円×20万株）を払い込み、40万株の株主になる。銀行にとってのC社株の取得単価は50円のままである。

すなわちD銀行は、流通市場でC社株を時価で買わないかぎり、C社株の取得単価は常に50円である。株式市場で株価がいくらになろうとも、銀行にとっての取得価格および帳簿価格は50円であり、株価の価格変動リスクから遮断されていた。このような会計制度によって、銀行は株式を疑似確定利付き証券として扱うことができ、それによって銀行が株式を保有することができるようになったのである。

---

11) 1975年以前の日本では、商法の規定の変遷から、額面金額が50円で最小取引単位が1,000株という会社が圧倒的に多かった。

多くの会社では、設立されたときに額面金額を払い込む。すなわち、会社のスタート時の株価は額面金額（多くは50円）である。たとえば、1,000万円を出資した株主には、20万株が割り当てられた。スタート時は50円であった株価も、その会社が成長するに従い高くなっていくのである。

なお、2001年の商法改正によって、額面株式の制度は廃止された。

12) 新規に資金を払い込まない場合は、期日前に売ればよい。なぜなら、期日を過ぎると権利落ちで株価は下がるからである。

13) 計算してみよう。増資前に株価400円で2,000株を保有していたB君は、資産価値80万円であった。そこに新株の代金として10万円支払っている。よって、B君は90万円の資産をもつべきである。

もし、株価が下がらずに400円のままだったら、400円×4,000株なので160万円になってしまう。株価が400円では高すぎるのだ。

では、株価はいくらまで下がるべきか。B君は4,000株で90万円の資産をもつべきだから、適正な理論株価は225円（＝90万円÷4,000株）になるべきである。

14) 権利とは、新株を1株50円で買う権利である。

そして安定配当政策といって、上場企業は年に5円の配当を行うことが経営者の成績の基準とされていた。もし業績が悪く、5円配当が実施できない場合、社長以下経営陣は責任をとらされ辞任し、銀行から役員を派遣して経営にテコ入れをするということが行われたのである。

　上場企業が5円配当を維持できれば、銀行によっては50円の取得単価に対して年5円の収益となるため、株式を取得することによって得られる利回りは10%となる。先の表12-1をみてみよう。長期貸付の金利が9.27%に対して、それよりもリスクが高い株式の利回りは10%となる。

第13章

日本の金融自由化

　1970年代から始まる日本の金融自由化は、2つのコクサイ化によるといわれた。1つは、オイルショックによる財政政策のための国債の大量発行であり、もう1つは日本および日本企業が成長したための国際化である。

1　株式市場

　1970年以降においては時価発行増資といって、流通市場で取引されている株式の時価（株価）を基準に、1株あたりの価格（発行価額という）が決まる方式が主流となった。すなわち株式市場（の流通市場）における株価よりも、数％ほど安い価格で発行価額が決まる。

1.1　企業の立場

　たとえば、株価410円で最小の取引単位が1,000株のE社が、100億円の資金を調達するケースをみてみよう。このとき、発行価額が400円と決まったとすると、E社は新たに2,500万株（＝100億円÷400円）の株式を追加発行する。

　額面発行増資の場合は、経営者がいかに努力して流通市場での株価を引き上げても[1]、1株あたりで得られる金額は50円であり、かつ毎決算期には5円の配当を行わなければならなかった。上場企業にとって資金調達コストは

10%を超えることになり、銀行からの借入れのほうが割安であった。これも、日本の直接金融の発達の足を引っ張り間接金融優位になった原因の1つであった。

しかし、1970年代になると、日本の上場企業は国際市場でも評価され、ユーロ市場などでファイナンスを行うことができるようになっていた（⇒第6章2.3）。直接金融が中心である欧米での増資は、時価発行増資が常識である。

たとえば、前述のE社が時価発行増資を行うと、1株400円でファイナンスを行うことができる。もし、配当金が年5円のままであるならば、資金調達コストは1.25%であり、額面発行増資時代の資金調達コスト10%とは比較にならないほど低く抑えることができるのである。

1968年の日本楽器製造（現ヤマハ）による初の時価発行増資が行われて以後、公募による時価発行増資が主流になっていった[2]。

1.2 銀行の立場

時価発行増資が行われるようになると、銀行に問題が生じた。それまでは額面発行増資でしか株式を買わなかったため、帳簿価格50円を守ることができた。しかし、時価発行増資になると、銀行は選択を迫られた。株をこれ以上買わないか、時価で株を買って帳簿価格があがることを認めるか。

ケイレツといわれるほど企業との関係が深かった銀行は、帳簿価格が上昇しても、株を買うことを選択した。銀行は、それ以前に大量の株を買っており、時価発行時代になってから株式を増やしても、（帳簿価格は平均値であるため）それほど帳簿価格は上昇しないこともあった。

また、時価発行増資であるならば、額面割当増資のような大幅な権利落ちも起きない。株価が上昇すれば、平均値である帳簿価格は上がっても、平均

---

1) 一般に流通市場での株価は、社長の通信簿といわれる。
2) 政府としては、もし国内で額面発行増資を維持すると、日本企業が海外でファイナンスを行うようになり、日本の金融市場が空洞化する懸念から時価発行増資を認めた。

値よりも株の時価のほうが大きく上がるため、時価と帳簿価格の差を含み益にできる。もし、銀行経営に何かが起こり大きな損失を計上しなければならなくなっても、帳簿価格の低い株式を売却すれば、含み益を実現益として計上し、損失と相殺できるのである。

しかし、1990年代のバブル崩壊期に、日本の株価が暴落した。各銀行など金融機関によって帳簿価格は異なっていた。帳簿価格が高い銀行などは、株価が帳簿価格を下回ると他の銀行と合併などして救済しなければならず、(株価下落だけが原因ではないが) 長期信用銀行が倒産しただけでなく、1990年には15行あった都銀が、2006年には5行体制となってしまった。

2 債券市場

1970年代の特色を簡単にまとめると、2度のオイルショックによって、国債を大量に発行せざるをえなくなった政府が、次のような政策をとったことがあげられる。

- 大量の国債を消化するために国債の発行方式を改善したり、発行条件を弾力化するといった規制緩和が行われたこと。
- 今まで発行されていた国債が償還時期にきたため、その借換えをするための短期国債の発行が増加したこと。
- 長期国債を使った債券の短期取引（事実上の自由金利商品）が活発化したこと。

これら3つの結果として、これまでの短期金利を中心とする規制金利体系が崩れ始めた。公定歩合中心の規制金利体系から、市場連動型すなわち自由金利へと日本の金利体系が変化していった。さらに、起債調整がされていた時代には発行が難しかった一般事業債の発行もしやすくなっていった。

2.1 国債の大量消化

1975年以降に国債の発行高が急に伸び始めた。これは、オイルショック以降、政府の景気対策（公共投資）の財源を税収だけではまかなえなくなり、国債の発行による資金調達を増やしたためである。

また、大量の国債を消化しやすくするための方策をとった。発行の仕方を工夫したり、国債の売買や保有を自由化したり、銀行に国債のディーリングを認めたりといった規制緩和を行い、国債投資に対する魅力を高めた。この結果、国債の債券全体に対する発行残高比率が1980年以降は50％前後を占めるようになった。

さらに、国債を大量に発行するため政府が行ったのが規制緩和と自由化であった。政府は、1980年に証券会社の中期国債ファンドの発売を認可し、また1983年の銀行による国債の窓口販売や1984年の銀行によるディーリングを認可し、個人と銀行による国債の消化を図った。

2.2 ユーロ市場での起債

政府が金融の自由化を認めた理由に、日本企業がスイスやロンドンのユーロ市場で起債（債券を発行して資金調達すること）するようになったことがあげられる（⇒第13章1.1）。日本国内での起債は、前述の起債調整など非常に規制が多かった。1980年代には国際的に評価されるようになっていた日本企業は、起債がより自由なユーロ市場で債券や転換社債を発行した（⇒第6章2）。

これによって、日本企業の海外での起債が続き、国内の発行市場の空洞化が危惧された。政府は国内での起債の自由化を認めた。

2.3 債券流通市場

国債大量発行以後の債券の流通市場は、店頭取引を中心に拡大していった。銀行によるディーリングの認可後は、金融機関が売買の主体となった。

金融自由化に拍車をかけたのが、残存2年国債問題であった。当時も今も

国債は償還期限10年の長期国債が主流である。それが発行されてから8年経つと、残存期間が2年となる。それが銀行には脅威と映った。

それまで日本の金融商品には、確定金利商品としては、期限が1年と2年の銀行の定期預金と郵貯の定期貯金しかなかった。そこに投資家の選択肢として、償還まで同じ2年の国債が加わったのである。

定期預金などが民間銀行の負債としての金融商品であるのに対して、国債は徴税権をもつ国の負債としての金融商品であるため、信用力が高い。そして種々の理由から、国債のほうが利回りが高かった。当然、銀行預金から国債に資金が流れることが銀行業界の危機とされたのである。

また、1980年に証券会社から、銀行預金のライバルとして中期国債ファンドが登場した。ここに銀行も、国債や中期国債ファンドに対抗すべく、新しい金融商品の開発が急務となった。

新しい金融商品は、公定歩合に縛られる伝統的なものでは高い金利を提供できない。そこで、銀行は国債ディーリングの認可を得て、国債を使って高い金利を提供する新しい金融商品（CDなど）を生み出した。これら新しい金融商品は、市場で取引される国債を収益源に使っているため、公定歩合に縛られない、市場金利連動型の自由金利商品となったのである。

3 バブルとバブル崩壊以降

3.1 バブルの発生

1985年のプラザ合意から円高となり、日本は一時、円高不況に落ち込んだ。しかし、改革・開放を進めた中国を人口の多い有望市場として狙う欧米企業が、最前線基地として東京に進出してきた。これには、東京など日本の不動産に投資すると、円高もあり大きな投資収益が得られることも追い風となった。そして、日本に不動産バブルが発生した。

不動産バブルは日本株のバブルへと拡大した。上場会社では、自社の株価が上昇したことを活用すべく、転換社債[3]による資金調達を行い、それま

で系列銀行から借りていた負債の返済にあてた。

　都銀などは、それまでの得意先である系列上場会社から返済を受けたため、新しい貸出先をみつける必要が生じた。そこで目をつけたのが不動産価格の上昇である。都銀などは、不動産をもつ中小企業を新規顧客として開拓した。もともと中小企業を得意先としていた地方銀行や信金なども、都銀が中小企業に参入してきたため競争が激化し、資金の融資合戦が行われた。

　本来、新規顧客に対しては厳密な審査が必要である。しかし、銀行は、不動産をもっている中小企業ならば、その保有不動産を担保とし、簡単な審査で融資を行った。もし、審査を難しくすればライバルの銀行に先を越されるからである。

　また、資金を借りやすくなった企業などは、それを価格が上昇している不動産や株式への投資に転用し、「買うから上がる、上がるから買う」と、バブル相場を助長した。

3.2　バブル崩壊と金融システム危機

　とくに不動産バブルの弊害が目立ってきたため、1990年に入り、総量規制が行われた。これは1990年3月に当時の大蔵省から金融機関に対して行われた行政指導である。行きすぎた不動産価格の高騰を沈静化させることを目的とする政策であったが、予想をはるかに超えた急激な景気後退の打撃（いわゆるバブル崩壊）を日本経済にもたらし、その後の「失われた20年」を招来する要因の1つとなったといわれている。

　また1990年8月に、イラクによるクウェート侵攻が起こり、円高と石油価格の高騰が日本経済を直撃した。

　この結果、日本の景気が後退するとともに、借入金の担保とされていた不動産価格が暴落した。銀行に返済できなくなった企業は、担保としていた不

3）　転換社債は、社債が株式に、すなわち負債が返済義務のない自己資本に変化する。バブルで株価が上昇する時代に、転換社債を発行して資金調達することは、返済する必要のない借金ができることに等しかった（⇒第6章4）。

動産を銀行に引き渡すことで返済しようとするケースもあった。しかし、銀行にとっては貸し付けていた資金額よりも不動産価格が暴落したため、もし担保を引き取ると、買い値よりも低い不動産を保有することになる。しかも、不動産価格が下がるなか、売りたくても買い手がつかず、一度不動産を保有すると、時を経るほど損失が膨らんだ。

この結果、銀行は大量の不良債権を抱えることになった。その償却のために自己資本を擦り減らすと、BIS 規制[4]に抵触して国際業務を行えなくなるため、貸出しを抑制するしかなくなり、貸し渋り・貸し剥がしが発生した（金融システム危機の発生）。また、株価の下落は、銀行の体力を消耗させた（⇒第10章3.2）。

銀行が貸出しを抑制したため、日銀が金利を引き下げ（ゼロ金利政策）、また買いオペでハイパワードマネーの供給（量的金融緩和）を行ったが、貨幣乗数が低下してマネーストックは増加せず、日本経済はデフレに陥った。

3.3　21 世紀の金融政策

21 世紀に入り、デフレ解消に向けて銀行の不良債権処理が行われ始めた。その頃、IT バブル崩壊を中古住宅バブルで乗り越えたアメリカの景気回復と、中国の経済的躍進を背景に、両国への日本の輸出が急増して、日本の景気が一部回復した[5]。

しかし、2008 年秋のリーマンショックを契機に世界金融危機が起き、日米ではマイナス成長を記録した。さらに、2011 年 3 月には東日本大震災が発生し、加えて外国為替が超円高となって、日本経済は苦境に陥った。

---

4)　BIS 規制とは、G10 各国の民間銀行が国際業務を行うために満たさなければならない国際統一基準である。各国の銀行は保有する資産を BIS 規制に従って評価し、自己資本比率が 8 ％ に達しない場合は国際業務を行えない。BIS（Bank of International Settlements: 国際決済銀行）とは、各国が共同出資して設立した国際機関で、スイスのバーゼルにあるため、BIS 規制をバーゼル合意ともよぶ。

5)　ただし、大多数を占める国内で事業を展開する内需産業にとっては景気回復とならず、平均賃金は上がらなかった。

2012年に入ると、震災の復興需要や、長期的に進行していた円高に基調変化が起こり、円安と株高が実現し、日本経済は回復に向かい始めた。これを受けて、日銀は2013年春に異次元の金融緩和を実施した。「量的にみても質的にみても、これまでとはまったく次元の違う金融緩和を行う」と会見で発表したことから、この名がある。具体的にはマネタリーベースを2年間で2倍に拡大し、2年後にインフレ率を2％にして、デフレを脱却すると宣言した。

　長期国債やETF[6]などの保有額を2年間で2倍に拡大し、長期国債買入れの平均残存期間を2倍以上に延長するなど、量・質ともに次元の違う金融緩和を行うものとなっている。また、その実施にともなう措置として、資産買入れなどの（基金による長期国債の買入れ限度額）の廃止、銀行券ルール（紙幣の発行額を制限する規則）の一時適用停止などを行うこととした[7]。

---

[6]　証券取引所に上場されている投資信託のことである（⇒第6章5）。
[7]　一般に、異次元緩和の狙いとしては、金融機関や投資家に対して資産価格の上昇を期待させて、融資や株式投資、不動産投資などを行うなど、より多くリスクをとることを促し、資産価格や銀行の行動に影響を及ぼすことを企図している。

参考文献

相沢幸悦『平成金融恐慌史』ミネルヴァ書房、2006 年
浅子和美『入門・日本経済』有斐閣、2006 年
浅野幸弘『投資家から見た株式市場』中央公論社、1996 年
M. アンソニー、N. ビッグス／石橋春男、関谷喜三郎訳『経済・金融・経営のための数学入門』成文堂、2000 年
池尾和人『入門　金融論』ダイヤモンド社、2004 年
池尾和人『開発主義の暴走と保身』NTT 出版、2006 年
池尾和人『なぜ世界は不況に陥ったのか』日経 BP 社、2009 年
池上彰『14 歳からの世界金融危機』マガジンハウス、2009 年
石橋春男、関谷喜三郎『マクロ経済と金融（入門編）』慶應義塾大学出版会、2002 年
石橋春男、関谷喜三郎、高木聖『はじめて学ぶ金融論』慶應義塾大学出版会、2004 年
板谷敏彦『金融の世界史』新潮選書、2013 年
板谷敏彦『金融の世界史──バブルと戦争と株式市場』新潮社、2013 年
伊藤隆敏『インフレ目標政策』日本経済新聞出版社、2013 年
伊藤正直『なぜ金融危機はくり返すのか』旬報社、2010 年
糸瀬茂『図解　金融のしくみ』東洋経済新報社、2001 年
岩井克人『貨幣論』筑摩書房、1998 年
岩井克人『二十一世紀の資本主義論』筑摩書房、2006 年
岩田規久男編著『金融政策の論点──検証・ゼロ金利政策』東洋経済新報社、2000 年
岩村充『貨幣進化論』新潮社、2010 年

内山節『貨幣の思想史』新潮社、1997 年
宇野淳『価格はなぜ動くのか――金融マーケットの謎を解き明かす』日経 BP 社、2008 年
梅田雅信『超金融緩和のジレンマ』東洋経済新報社、2013 年
大村敬一、浅子和美、池尾和人、須田美矢子『経済学とファイナンス』東洋経済新報社、2004 年
岡田英弘『中国文明の歴史』講談社現代新書、2004 年
片桐幸雄『なぜ税金で銀行を救うのか――庶民のための金融・財政入門』社会評論社、2012 年
久保田敬一『よくわかるファイナンス』東洋経済新報社、2001 年
栗本慎一郎『幻想としての経済』青土社、1990 年
榊原茂樹『パーソナルファイナンス入門――私たちの生活とお金』中央経済社、2006 年
櫻川昌哉、福田慎一『なぜ金融危機は起こるのか』東洋経済新報社、2013 年
白川方明『現代の金融政策』日本経済新聞出版社、2008 年
永野良佑『20 代からのファイナンス入門』筑摩書房、2011 年
日本証券業協会編『証券外務員必携』第 1～4 巻、日本証券業界協会、2013 年
野口悠紀雄『金融危機の本質は何か』東洋経済新報社、2009 年
B. バーナンキ／小谷野俊夫訳『連邦準備制度と金融危機』一灯舎、2012 年
M. G. ハジミカラキス、K. G. ハジミカラキス／石橋春男、関谷喜三郎訳『現代マネタリーエコノミックス』多賀出版、1997 年
日野開三郎『アジア歴史事典 5』平凡社、1984 年
K. ポランニー／玉野井芳郎、中野忠訳『人間の経済 II 交易・貨幣および市場の出現』岩波書店、1980 年
K. ポランニー／栗本慎一郎、端信行訳『経済と文明』筑摩書房、2004 年
三上隆三『江戸の貨幣物語』東洋経済新報社、1996 年
宮澤知之『宋代中国の国家と経済――財政・市場・貨幣』創文社、1998 年
森嶋通夫『無資源国の経済学』岩波書店、2008 年
湯浅赳男『文明の「血液」――貨幣から見た世界史（増補新版）』新評論、1998 年
吉川洋『デフレーション』日本経済新聞出版社、2013 年
D. レイドラー／石橋春男、嶋村紘輝、関谷喜三郎、栗田善吉、横溝えりか訳『貨幣数量説の黄金時代』同文舘出版、2001 年

索引

アルファベット

BIS 規制　149
CD（譲渡性預金）　69, 82, 147
CP（コマーシャル・ペーパー）　69, 82
　──オペ　120
DR 制度　19
ETF（上場投資信託）　129, 150
FRB（連邦準備制度理事会）　22, 47, 116, 136
IMF 体制　49
IPO（新規株式公開）　86
JA バンク（農業協同組合）　58
LTCM　22
QE（量的緩和政策）　22, 129
REIT（上場不動産投資信託）　129

あ

相対型取引　54, 89, 134
預かり手形　37
アンダーライティング　86, 88
安定株主　132, 139
安定配当政策　142

い

異次元金融緩和　150
委託現先　82

一般受容性　28, 39
イングランド銀行　46
インセンティブ　62, 86
インターバンク市場　77, 116, 119
インフレーション　21, 25, 45, 104, 150

う

受渡決済　94
裏書譲渡　79
売りオペ　120, 124
売り気配　89
売現先　82
売出し　85, 89
　──業務 → セリング
売れ残りリスク　86

お

オイルショック　145, 146
オークション方式　89
オーバーナイト物　127
オーバーボローイング　133
オーバーローン　133, 136
オープン市場　77, 80, 119
御定相場　36

か

買いオペ　　119, 124, 128, 135
外貨　　118
買い気配　　89
買現先　　82
外国為替　　5
　　——市場　　49
外国債　　68, 82
買取引受　　86, 88
価格革命　　43
価格変動リスク　　81
格付　　69
額面金額　　66
額面発行増資　　140, 143, 144
家計　　3, 4, 54, 56
貸し渋り・貸し剥がし　　6, 22, 46, 109, 129, 149
貸出リスク　　61
価値尺度機能　　23, 33
価値貯蔵機能　　28, 29, 33, 47
株式　　52, 55, 65, 87, 142
　　——会社　　65
　　——契約　　52, 65, 84
　　——市場　　84, 137, 143
株主　　19, 61, 65
　　——総会　　65
　　——割当て　　140
貨幣　　11, 13, 16, 17, 20, 23, 31
　　——価値の安定　　50
　　——経済　　13, 27
　　——需要　　45
　　——乗数　　110, 113, 129
　　——乗数アプローチ　　123
　　——の流通速度　　104, 105
借入金　　83
借入証書　　55, 66
為替　　5, 52, 91
　　——差益・為替差損　　53
　　——相場　　53
　　——変動リスク　　53, 92
　　——レート　　49
幹事証券　　87
間接金融　　55, 56, 134
　　——機関　　56, 60, 132, 138
　　——の優位　　138, 144
間接的証券　　56, 60
間接募集　　85
管理通貨制度　　18, 19, 21, 50

き

機関投資家　　58, 69, 99
企業　　54, 103, 143
起債調整　　136, 145, 146
　　——懇談会　　135
基軸通貨　　49
基準貸付利率　　118, 122
基準金利　　80
基準割引率　　118, 122
基本貨幣　　40
逆選択・逆淘汰　　63
供給曲線　　26
恐慌　　22, 47, 49, 99
強制通用力　　18
銀価の暴落　　21
金為替本位制　　49
銀行　　16, 43, 45, 54, 56, 60, 85, 138, 144
　　——の銀行　　46, 57, 80, 116
　　——預金　　14
均衡価格　　26
銀座　　35, 36
金匠　　43, 44
金遣い・銀遣い　　36
金本位制　　18, 34, 48
金融　　1-3, 52, 91
　　——緩和　　119
　　——機関　　56, 77
　　——危機　　22, 46, 100, 109, 149
　　——債　　56, 67, 135

——市場　　51
　　——システム　　3, 131
　　——システム危機　　22, 148
　　——システムの安定　　115, 117, 122
　　——自由化　　143
　　——商品　　15-17, 51, 52, 65
　　——政策　　103
　　——政策の波及経路　　122
　　——調節　　123, 125
　　——取引　　51
　　——の非国際化　　133
　　——引締め　　108, 120
金利　　44, 70, 109, 134

く

クーポン　　66
クレジットカード　　14

け

景気　　3
計数貨幣（通貨）　　34, 36
系列（ケイレツ）　　139, 148
決済機能　　17
限界効用　　32
現金・預金比率　　111, 113
現金需要　　114
現金通貨　　14
現先取引　　69, 80
原資産　　94, 96
ケンブリッジ方程式　　105
権利落ち　　140, 141

こ

公開市場操作　　119
交換　　13, 18
　　——・決済手段　　27, 31, 33
　　——価値　　18
公共債　　135
公債　　67

交子　　38
交鈔　　40
公定歩合　　80, 122, 134, 145
公募　　85, 140
コール市場　　77, 116, 119, 121, 126
国債　　16, 19, 51, 55, 67, 85, 136, 145, 146
護送船団方式　　132
国庫金　　116
国庫短期証券　　67
　　——オペ　　120
固定為替相場制　　49
個別的リスク　　53
雇用の安定　　116, 122
混合経済システム　　131, 132

さ

債券　　55, 66, 82, 118, 146
　　——価格　　70, 72
　　——市場　　84, 135, 145
最後の貸し手　　117
先物取引　　93, 95
先渡取引　　93, 96
差金決済　　95, 96
残額引受　　86, 88
産業革命　　21, 49

し

ジェヴォンズ（W. S. Jevons）　　31
時価発行増資　　84, 144
自給自足経済　　12
事業債　　67, 135
資金　　1, 2
　　——需給式　　124
　　——調達　　84, 110, 143, 147
　　——偏在　　133
シグナル機能　　25
自己現先　　81, 82
自己資本　　109, 133, 139, 148
資産変換機能　　60

市場　12, 32
　　——型取引　55
　　——経済　32
　　——経済型システム　131, 132
市中銀行　18
実質 GDP　105
シニョリッジ　39
支配証券　65
支払準備　47, 77
　　——率　44, 45, 108
紙幣　17, 18, 37, 39, 43
資本　29, 83
　　——金　83, 109
　　——市場　83
　　——取引　134
社会的リスク　53
社債　16, 52, 55, 67, 87
自由金利商品　80, 145, 147
主幹事証券　87
需要曲線　26
準備預金　119
　　——制度　108, 123
　　——の積み進捗率　126
使用価値　18
償還　51, 66, 68, 73, 84, 145
　　——差益・償還差損　67, 71
商業銀行　47
証券会社　57, 81, 82, 85
条件付請求権　51, 52, 60
証券取引所　55, 86
証拠金　97, 98
上場　85
商品経済　12
情報　62
　　——の生産機能　62, 139
　　——の非対称性　62
新株予約権付社債　73
審査　63, 139, 148
信託銀行　19, 56, 58

信託証書　56
信用　17, 19, 21, 50, 67, 147
　　——金庫　58
　　——組合　58
　　——乗数　45, 108
　　——創造　43–45, 47, 107
　　——取引　78

す

スミス（A. Smith）　31

せ

正貨　48
　　——準備高　50
政府の銀行　46, 57, 116
生命保険　58, 100
堰坊　37
絶対価格　24
設備投資　83, 87
セリング　87, 89
ゼロ金利政策　127, 149
選択　63

そ

創業者利益　85
増資　140
相対価格　24

た

兌換　38, 43
　　——紙幣　48, 49
　　——準備金　39
　　——通貨　40
短期金融市場　77, 125
短期債　69
短資会社　79

ち

地方銀行　57

索　引　157

中央銀行　　17, 18, 22, 46, 57, 107, 115
中期国債ファンド　　146, 147
中期債　　69
中小企業金融機関　　58
鋳造貨幣　　34
長期金融市場　　83
長期金利　　67
長期国債　　22, 118, 145, 150
　　——オペ　　120
長期信用銀行　　138, 145
長期債　　69
超長期債　　69
直接金融　　55, 57, 137
直接募集　　85
直利　　72
貯蓄　　54
　　——超過主体　　54

つ

通貨　　13-17, 52, 103
　　——危機　　20, 22, 46
　　——供給　　45
　　——制度　　48

て

ディーラー業務（ディーリング）　　86, 89, 146
定期預金　　69, 147
手形　　5, 36, 39, 43, 118
　　——オペ　　120
　　——市場　　78, 79, 119, 121, 126
　　——取引　　78, 79, 80, 122
デフォルト（債務不履行）　　5
　　——・リスク　　60
デフレーション　　21, 45, 104, 128, 149, 150
デリバティブ取引　　52, 91, 96
転換社債　　73, 82, 87, 146-148
天候デリバティブ　　92, 96

電子マネー　　15, 16

と

等価交換　　27, 32
投機　　97, 100
東京証券取引所　　138
当座預金増減要因式　　125, 129
投資　　51, 54
　　——信託　　74
　　——超過主体　　54
淘汰　　63
特殊事業債　　135
都市銀行　　57
取り付け騒ぎ　　46
取引費用の節約　　61

な

内部留保　　29, 54, 109

に

ニクソンショック　　18, 50
日経平均株価　　99, 138
日本銀行　　47, 57, 80, 115
　　——勘定　　118
　　——券　　18, 114, 117, 118
　　——政策委員会　　115
　　——当座預金　　116, 121, 123, 128, 129
　　——特融　　117
　　——ネット　　116, 117

ね

ネット銀行　　57
年金基金　　100

の

農林中央金庫　　58

は

バーナンキ（B. Bernanke）　　22

配当　52, 66
ハイパーインフレーション　46, 50
ハイパワードマネー　108, 110, 113, 114, 118, 123, 129, 149
灰吹銀　35
ハイリスク・ハイリターン　6, 56
パックス・ブリタニカ　49
パックス・モンゴリア　40
発券銀行　44, 46, 57, 117
発行市場　84, 86, 135
　　——の空洞化　146
バブル崩壊　22, 126, 128, 139, 147
藩札　37

ひ

ピール条例　47, 48
引受業務　→　アンダーライティング
引受契約　88
引受シンジケート団　87, 88
飛銭　37
非伝統的金融政策　126
秤量貨幣　34, 35
平幹事証券　87, 88

ふ

ファンド（基金）　74, 99, 100
　　——マネジャー　75, 99
フィッシャー式　128
フィッシャーの交換方程式　104
副幹事証券　87
負債　15-17
　　——契約　52, 65, 84
普通銀行　57
物価　21, 45, 103
　　——の安定　115, 122
物的証券　66
物品貨幣　34
物々交換　12, 27, 31
プラザ合意　147

ブラックマンデー　99
プリペイドカード　14, 16
不良債権　149
ブレトン・ウッズ体制　49
ブローカー業務（ブローキング）　86, 90
分業　12, 29
分散投資　74
分売契約　88, 89

へ

ベースマネー　→　マネタリーベース
ヘッジ　53
　　——ファンド　99, 100
変動相場制　36, 49

ほ

法定準備金　112
法定準備預金額　108
法定通貨　18
保険　16
　　——会社　56, 58
　　——証書　56
募集　85
補助貨幣　18, 40, 114
ポランニー（K. Polanyi）　20, 28, 32
本位貨幣　48
本源的証券　55, 60, 84

ま

マーケットメイク方式　89
マーシャル（A. Marshall）　105
　　——の k　105
マネーストック　103, 105, 110, 112, 123, 129, 149
　　——統計　106
マネーマーケット　77
マネタリーベース　108, 118, 150

め

名目 GDP　　105
メインバンク　　132, 139
メンガー（C. Menger）　　32

も

モニター　　63, 139

や

約定　　89
　　――代金　　97, 98
約束手形　　78

ゆ

有価証券　　5, 52, 65, 84
融資　　1, 6, 44, 51, 54
ゆうちょ銀行　　106, 107
ユーロ市場　　68, 144, 146

よ

預金　　48
　　――準備金　　118, 111, 112, 121
　　――準備率操作　　121
　　――証書　　56
　　――通貨　　14, 48
欲望の二重の一致　　12, 31, 32
四畳半金利体系　　136
預託証書　　19

ら

ライヒスバンクの悲劇　　50

り

リーマンショック　　22, 129, 149
利子　　47, 56, 71
利潤証券　　66
リスク　　5, 6, 29, 52, 91
　　――許容度　　29
　　――配分機能　　53
　　――ヘッジ　　91, 97
利息　　51, 52, 66
利付債　　66
利回り　　71, 72, 142
　　――構造　　136
流通市場　　84, 89, 136, 146
流動性　　61
　　――選好　　62
　　――の創出　　61, 139
両替　　36
量的金融緩和政策　　110, 128, 149

れ

レバレッジ効果　　39, 98, 133
レモンの市場　　63
連邦準備制度理事会　→　FRB

ろ

労働金庫　　58
ローリスク・ローリターン　　6, 56

わ

割引債　　66, 67
ワルラス（L. Walras）　　32

著者紹介

石橋 春男（いしばし　はるお）
松蔭大学経営文化学部教授
1967年早稲田大学第一政治経済学部卒業、72年同大学大学院商学研究科博士課程修了。大東文化大学経済学部教授、同環境創造学部教授、日本大学商学部教授等を経て現職。
主要業績に、『マクロ経済の分析』（共著、慶應義塾大学出版会、2010年）、『環境と消費者』（「入門　消費経済学」第3巻、編著、慶應義塾大学出版会、2010年）、『消費経済理論』（「消費経済学体系」第1巻、編著、慶應義塾大学出版会、2005年）、他多数。

髙木 信久（たかぎ　のぶひさ）
松蔭大学経営文化学部教授、同大学院経営管理研究科教授
1966年早稲田大学第一政治経済学部卒業、68年同大学大学院経済学研究科修士課程修了、70年同大学院博士課程中途退学。造船会社勤務等を経て現職。
主要業績に、『経済と消費者』（「入門　消費経済学」第1巻、共著、慶應義塾大学出版会、2009年）、『消費経済理論』（「消費経済学体系」第1巻、共著、慶應義塾大学出版会、2005年）、『暮らしの経済学』（八千代出版、2004年）、他多数。

橋口 宏行（はしぐち　ひろゆき）
有限会社SRN代表取締役、証券アナリスト
1984年明治大学法学部卒業、大和証券投資信託販売㈱（現三菱UFJモルガンスタンレー証券）勤務等を経て現職。2007年大東文化大学大学院経済学研究科修士課程修了。日本証券アナリスト協会検定会員。
主要業績に、『素人でも勝てる‼　6勝4敗で年20～30％のリターンをめざす株式投資の定石』（東洋経済新報社、2014年）、『証券分析 第2次の攻略法――70％とれる証券アナリスト合格テキスト』（中央経済社、1999年）、他多数。

よくわかる！　ファイナンス入門

2014 年 4 月 25 日　初版第 1 刷発行

著　者─────石橋春男・髙木信久・橋口宏行
発行者─────坂上　弘
発行所─────慶應義塾大学出版会株式会社
　　　　　　　〒108-8346　東京都港区三田 2-19-30
　　　　　　　TEL　〔編集部〕03-3451-0931
　　　　　　　　　〔営業部〕03-3451-3584〈ご注文〉
　　　　　　　　　〔　〃　〕03-3451-6926
　　　　　　　FAX　〔営業部〕03-3451-3122
　　　　　　　振替　00190-8-155497
　　　　　　　http://www.keio-up.co.jp/
装　丁─────辻聡
印刷・製本───株式会社理想社
カバー印刷───株式会社太平印刷社

©2014 Haruo Ishibashi, Nobuhisa Takagi, Hiroyuki Hashiguchi
Printed in Japan　ISBN978-4-7664-2125-5

慶應義塾大学出版会

よくわかる！ミクロ経済学入門

石橋春男・橋口宏行・中藤和重 著

市場の不思議を科学する！
現実経済と経済学の発展の歴史から、市場の仕組みと働き、そして喫緊の政策課題まで、経済学を学ぶ人に必須の基礎知識を厳選し、やさしく解説した「超」入門テキスト！

A5判／並製／176頁
ISBN 978-4-7664-2137-8
◎1,800円　2014年4月刊行

◆主要目次◆

序　章　経済学とは

第1部　市場と価格
第1章　市　場
第2章　商　品
第3章　消費者
第4章　生産者

第2部　需要と供給
第5章　需要と需要量
第6章　供給と供給量
第7章　弾力性
第8章　市場均衡
第9章　最適資源配分

第3部　市場の失敗
第10章　独　占
第11章　情　報
第12章　公共財
第13章　環境のミクロ分析

〔シリーズ続刊〕
よくわかる！マクロ経済学入門
石橋春男・橋口宏行・河口雄司 著

表示価格は刊行時の本体価格（税別）です。